RAPHAEL'S AS

Ephemeris of th

for

A Complete Aspectarian

Mean Obliquity of the Ecliptic, 2011, 23° 26′ 16″

INTRODUCTION

Greenwich Mean Time (G.M.T.) has been used as the basis for all tabulations and times. The tabular data are for Greenwich Mean Time 12h., except for the Moon tabulations headed 24h. All phenomena and aspect times are now in G.M.T. To obtain Local Mean Time of aspect, add the time equivalent of the longitude if East and subtract if West.

Both in the Aspectarian and the Phenomena the 24-hour clock replaces the old a.m./p.m. system.

The zodiacal sign entries are now incorporated in the Aspectarian as well as being given in a separate table.

BRITISH SUMMER TIME

British Summer Time begins on March 27 and ends on October 30. When *British Summer Time* (one hour in advance of G.M.T.) is used, subtract one hour from B.S.T. before entering this Ephemeris. These dates are believed to be correct at the time of printing.

foulsham
The Oriel, Thames Valley Court, 183–187 Bath Road,
Slough, Berkshire, SL1 4AA, England

ISBN: 978-0-572-03572-3

A CIP record for this book is available from the British Library

Printed in Great Britain

NEW MOON – Jan. 4,09h.03m. (13°♑39′)

D M	D W	Sidereal Time	☉ Long.	☉ Dec.	☽ Long.	☽ Lat.	☽ Dec.	☽ Node	24h. ☽ Long.	24h. ☽ Dec.
		h m s	° ′ ″	° ′	° ′ ″	° ′	° ′	° ′	° ′ ″	° ′
1	S	18 43 10	10 ♑ 42 46	23 S 00	5 ♐ 58 14	2 S 23	23 S 39	2 ♑ 17	12 ♐ 38 56	24 S 07
2	Su	18 47 07	11 43 57	22 55	19 16 26	1 14	24 14	2 13	25 50 39	24 01
3	M	18 51 03	12 45 08	22 50	2 ♑ 21 32	0 S 02	23 27	2 10	8 ♑ 49 01	22 35
4	T	18 55 00	13 46 18	22 44	15 13 05	1 N08	21 26	2 07	21 33 45	20 02
5	W	18 58 56	14 47 29	22 37	27 51 03	2 14	18 24	2 04	4 ♒ 05 03	16 34
6	Th	19 02 53	15 48 40	22 30	10 ♒ 15 53	3 13	14 34	2 01	16 23 44	12 27
7	F	19 06 49	16 49 50	22 23	22 28 49	4 01	10 13	1 58	28 31 23	7 54
8	S	19 10 46	17 51 00	22 15	4 ♓ 31 46	4 38	5 31	1 54	10 ♓ 30 20	3 S 07
9	Su	19 14 42	18 52 09	22 07	16 27 30	5 03	0 S 41	1 51	22 23 42	1 N44
10	M	19 18 39	19 53 19	21 58	28 19 27	5 15	4 N09	1 48	4 ♈ 15 15	6 31
11	T	19 22 36	20 54 27	21 49	10 ♈ 11 40	5 13	8 50	1 45	16 09 17	11 04
12	W	19 26 32	21 55 35	21 39	22 08 42	4 57	13 13	1 42	28 10 29	15 15
13	Th	19 30 29	22 56 43	21 29	4 ♉ 15 17	4 29	17 09	1 38	10 ♉ 23 39	18 53
14	F	19 34 25	23 57 50	21 19	16 36 10	3 47	20 25	1 35	22 53 21	21 45
15	S	19 38 22	24 58 56	21 08	29 15 42	2 54	22 49	1 32	5 ♊ 43 38	23 36
16	Su	19 42 18	26 00 02	20 57	12 ♊ 17 28	1 50	24 05	1 29	18 57 27	24 13
17	M	19 46 15	27 01 07	20 45	25 43 41	0 N38	24 00	1 26	2 ♋ 36 10	23 25
18	T	19 50 11	28 02 11	20 33	9 ♋ 34 45	0 S 38	22 28	1 23	16 39 06	21 08
19	W	19 54 08	29 ♑ 03 15	20 21	23 48 46	1 54	19 29	1 19	1 ♌ 03 07	17 29
20	Th	19 58 05	0 ♒ 04 18	20 08	8 ♌ 21 24	3 03	15 13	1 16	15 42 45	12 43
21	F	20 02 01	1 05 21	19 55	23 06 13	4 02	10 00	1 13	0 ♍ 30 48	7 09
22	S	20 05 58	2 06 22	19 41	7 ♍ 55 29	4 44	4 N12	1 10	15 19 18	1 N12
23	Su	20 09 54	3 07 24	19 27	22 41 20	5 08	1 S 49	1 07	0 ♎ 00 46	4 S 47
24	M	20 13 51	4 08 25	19 13	7 ♎ 16 55	5 11	7 39	1 04	14 29 14	10 24
25	T	20 17 47	5 09 25	18 59	21 37 18	4 55	12 59	1 00	28 40 52	15 22
26	W	20 21 44	6 10 25	18 44	5 ♏ 39 46	4 21	17 30	0 57	12 ♏ 33 58	19 23
27	Th	20 25 40	7 11 24	18 28	19 23 32	3 33	20 59	0 54	26 08 36	22 17
28	F	20 29 37	8 12 23	18 13	2 ♐ 49 22	2 34	23 14	0 51	9 ♐ 26 02	23 52
29	S	20 33 34	9 13 22	17 57	15 58 51	1 28	24 10	0 48	22 28 04	24 07
30	Su	20 37 30	10 14 19	17 41	28 53 55	0 S 19	23 45	0 44	5 ♑ 16 38	23 04
31	M	20 41 27	11 ♒ 15 16	17 S 24	11 ♑ 36 25	0 N50	22 S 06	0 ♑ 41	17 ♑ 53 28	20 S 52

D M	Mercury Lat.	Mercury Dec.		Venus Lat.	Venus Dec.		Mars Lat.	Mars Dec.		Jupiter Lat.	Jupiter Dec.
	° ′	° ′	° ′	° ′	° ′	° ′	° ′	° ′	° ′	° ′	° ′
1	2 N47	20 S 17	20 S 25	3 N 30	15 S 23	15 S 37	1 S 00	23 S 06	23 S 00	1 S 16	2 S 30
3	2 33	20 34	20 45	3 31	15 50	16 04	1 00	22 54	22 47	1 15	2 23
5	2 17	20 55	21 06	3 31	16 17	16 30	1 01	22 40	22 32	1 15	2 16
7	2 00	21 18	21 29	3 30	16 43	16 56	1 01	22 25	22 17	1 15	2 09
9	1 42	21 40	21 51	3 29	17 09	17 22	1 01	22 09	22 00	1 14	2 01
11	1 23	22 02	22 12	3 27	17 35	17 47	1 02	21 52	21 43	1 14	1 53
13	1 05	22 21	22 30	3 24	17 59	18 11	1 02	21 34	21 24	1 13	1 45
15	0 47	22 38	22 45	3 21	18 22	18 34	1 03	21 15	21 05	1 13	1 37
17	0 29	22 51	22 57	3 18	18 45	18 55	1 03	20 55	20 44	1 13	1 28
19	0 N12	23 01	23 04	3 14	19 06	19 16	1 03	20 34	20 23	1 12	1 20
21	0 S 04	23 06	23 07	3 09	19 26	19 35	1 04	20 12	20 01	1 12	1 11
23	0 20	23 07	23 06	3 04	19 44	19 53	1 04	19 49	19 38	1 11	1 02
25	0 34	23 03	23 00	2 59	20 01	20 09	1 04	19 26	19 14	1 11	0 53
27	0 48	22 55	22 49	2 53	20 16	20 23	1 04	19 01	18 49	1 11	0 44
29	1 01	22 41	22 S 33	2 48	20 29	20 S 35	1 04	18 36	18 S 23	1 10	0 34
31	1 S 13	22 S 23		2 N 41	20 S 41		1 S 05	18 S 10		1 S 10	0 S 25

FIRST QUARTER – Jan.12,11h.31m. (21°♈54′)

D	☿	♀	♂	♃	♄	♅	♆	♇	Lunar Aspects								
M	Long.	Long.	Long.	Long.	Long.	Long.	Long.	Long.	☉	☿	♀	♂	♃	♄	♅	♆	♇
	° ′	° ′	° ′	° ′	° ′	° ′	° ′	° ′									
1	19♐59	24♏03	18♑46	26♓37	16♎41	26♓58	26♒45	5♑21	⚺			∠		∠			⚺
2	20 21	25 01	19 32	26 45	16 44	27 00	26 47	5 23		☌	⚺	⚺		⚹			
3	20 51	26 00	20 19	26 54	16 46	27 01	26 48	5 25					□		□	⚹	☌
4	21 26	26 59	21 05	27 02	16 48	27 02	26 50	5 27	●		∠	☌		□		∠	
5	22 08	27 58	21 52	27 11	16 51	27 04	26 52	5 30		⚺	⚹		⚹		⚹	⚺	
6	22 54	28 58	22 38	27 20	16 53	27 05	26 54	5 32	⚺	∠			∠		∠		⚺
7	23 45	29♏59	23 25	27 28	16 55	27 07	26 56	5 34		⚹		⚺	⚺	△	⚺	☌	∠
8	24 40	1♐00	24 12	27 38	16 57	27 09	26 57	5 36	∠		□	∠		⚼			⚹
9	25 39	2 01	24 58	27 47	16 59	27 10	26 59	5 38	⚹								
10	26 40	3 02	25 45	27 56	17 00	27 12	27 01	5 40		□	△	⚹	☌		☌	⚺	
11	27 45	4 04	26 32	28 06	17 02	27 14	27 03	5 42								∠	□
12	28♐52	5 07	27 19	28 15	17 03	27 16	27 05	5 44	□		⚼	□		☍	⚺	⚹	
13	0♑02	6 10	28 05	28 25	17 05	27 18	27 07	5 46		△			⚺				△
14	1 13	7 13	28 52	28 35	17 06	27 20	27 09	5 49		⚼			∠		∠		⚼
15	2 27	8 16	29♑39	28 45	17 07	27 21	27 11	5 51	△			△	⚹	⚼	⚹	□	
16	3 42	9 20	0♒26	28 55	17 08	27 23	27 13	5 53	⚼		☍	⚼		△			
17	4 58	10 24	1 13	29 05	17 09	27 26	27 15	5 55					□		□	△	
18	6 16	11 28	2 00	29 15	17 10	27 28	27 17	5 57		☍						⚼	☍
19	7 36	12 32	2 47	29 26	17 11	27 30	27 19	5 59	☍		⚼		△	□	△		
20	8 56	13 37	3 34	29 36	17 12	27 32	27 21	6 01			△	☍	⚼		⚼		
21	10 18	14 42	4 21	29 47	17 12	27 34	27 23	6 03		⚼				⚹		☍	⚼
22	11 41	15 48	5 08	29♓58	17 13	27 36	27 25	6 05		△				∠			△
23	13 04	16 53	5 55	0♈09	17 13	27 39	27 27	6 07	⚼		□	⚼		⚺	☍		
24	14 29	17 59	6 42	0 20	17 13	27 41	27 30	6 09	△			△	☍			⚼	□
25	15 55	19 05	7 29	0 31	17 14	27 43	27 32	6 11		□	⚹			☌		△	
26	17 21	20 11	8 16	0 42	17R 14	27 46	27 34	6 13	□		∠	□					⚹
27	18 48	21 18	9 04	0 53	17 14	27 48	27 36	6 15		⚹	⚺		⚼	⚺	⚼		∠
28	20 16	22 25	9 51	1 05	17 13	27 51	27 38	6 17	⚹	∠			△	∠	△	□	⚺
29	21 45	23 32	10 38	1 16	17 13	27 53	27 40	6 18				⚹		⚹			
30	23 14	24 39	11 25	1 28	17 13	27 56	27 43	6 20	∠	⚺	☌	∠	□		□	⚹	
31	24♑45	25♐46	12♒12	1♈39	17♎12	27♓58	27♒45	6♑22	⚺			⚺		□		∠	☌

D	Saturn		Uranus		Neptune		Pluto	
M	Lat.	Dec.	Lat.	Dec.	Lat.	Dec.	Lat.	Dec.
	° ′	° ′	° ′	° ′	° ′	° ′	° ′	° ′
1	2N25	4S20	0S44	1S53	0S29	13S03	4N30	18S50
3	2 25	4 21	0 44	1 52	0 29	13 02	4 30	18 50
5	2 26	4 22	0 44	1 50	0 29	13 01	4 30	18 50
7	2 26	4 24	0 44	1 49	0 29	12 59	4 30	18 50
9	2 27	4 24	0 44	1 48	0 29	12 58	4 30	18 50
11	2 27	4 25	0 44	1 46	0 29	12 57	4 30	18 49
13	2 28	4 26	0 44	1 45	0 29	12 55	4 30	18 49
15	2 29	4 26	0 44	1 43	0 29	12 54	4 29	18 49
17	2 29	4 27	0 44	1 41	0 29	12 53	4 29	18 49
19	2 30	4 27	0 44	1 40	0 29	12 51	4 29	18 49
21	2 30	4 27	0 43	1 38	0 29	12 50	4 29	18 49
23	2 31	4 26	0 43	1 36	0 29	12 48	4 29	18 49
25	2 31	4 26	0 43	1 34	0 29	12 47	4 29	18 49
27	2 32	4 25	0 43	1 32	0 29	12 46	4 29	18 49
29	2 33	4 25	0 43	1 30	0 29	12 44	4 29	18 49
31	2N33	4S24	0S43	1S28	0S29	12S43	4N29	18S48

Mutual Aspects

2 ☉∠♆. ♃⚺♆.
4 ♀△♃. ♀△♅. ♀□♆. ♂⊥♆. ♃☌♅.
5 ☉Q♃. ☉Q♅.
7 ☉□♄. ♀⊥♇.
9 ♀∠♄.
10 ☿⚹♆. ☉∥☿. ☿∥♂.
11 ☉⊥♆. ☿□♃. ☿□♅.
12 ☿Q♄. ♂⚹♅. ♂⚺♆.
13 ♀⚺♇. ♃∥♅.
14 ♂⚹♃.
17 ☉⚹♅. ☉⚺♆. ♀∥♇.
18 ☿☌♇. 19 ☉⚹♃.
22 ♀Q♆. ☉∥♀.
23 ☿∠♆. ♀⚹♄. ♂⚺♇. ♀∥♂.
25 ☿Q♅.
26 ☉⚺♇. ☿□♄. ☉∥♇. ♄Stat.
27 ☿Q♃. 28 ♂∥♇.
29 ☿⊥♆.
31 ♂⊥♇.

NEW MOON–Feb. 3,02h.31m. (13°♒54′)

D M	D W	Sidereal Time	☉ Long.	☉ Dec.	☽ Long.	☽ Lat.	☽ Dec.	☽ Node	24h. ☽ Long.	24h. ☽ Dec.
		h m s	° ′ ″	° ′	° ′ ″	° ′	° ′	° ′	° ′ ″	° ′
1	T	20 45 23	12 ♒ 16 12	17 S 07	24 ♑ 07 57	1 N56	19 S 23	0 ♑ 38	0 ♒ 19 59	17 S 42
2	W	20 49 20	13 17 07	16 50	6 ♒ 29 44	2 54	15 50	0 35	12 37 19	13 48
3	Th	20 53 16	14 18 01	16 32	18 42 50	3 44	11 39	0 32	24 46 25	9 24
4	F	20 57 13	15 18 54	16 15	0 ♓ 48 13	4 24	7 04	0 29	6 ♓ 48 22	4 S 42
5	S	21 01 09	16 19 46	15 56	12 47 05	4 51	2 S 17	0 25	18 44 33	0 N09
6	Su	21 05 06	17 20 36	15 38	24 41 02	5 05	2 N33	0 22	0 ♈ 36 49	4 57
7	M	21 09 03	18 21 25	15 20	6 ♈ 32 15	5 06	7 17	0 19	12 27 43	9 33
8	T	21 12 59	19 22 12	15 01	18 23 38	4 54	11 44	0 16	24 20 29	13 49
9	W	21 16 56	20 22 58	14 42	0 ♉ 18 46	4 29	15 47	0 13	6 ♉ 19 03	17 36
10	Th	21 20 52	21 23 43	14 22	12 21 54	3 52	19 14	0 09	18 27 56	20 41
11	F	21 24 49	22 24 26	14 03	24 37 47	3 04	21 54	0 06	0 ♊ 52 02	22 53
12	S	21 28 45	23 25 07	13 43	7 ♊ 11 21	2 06	23 35	0 03	13 36 16	23 59
13	Su	21 32 42	24 25 47	13 23	20 07 21	1 N00	24 04	0 ♑ 00	26 45 02	23 49
14	M	21 36 38	25 26 25	13 02	3 ♋ 29 42	0 S 11	23 12	29 ♐ 57	10 ♋ 21 35	22 14
15	T	21 40 35	26 27 02	12 42	17 20 46	1 25	20 55	29 54	24 27 10	19 15
16	W	21 44 32	27 27 36	12 21	1 ♌ 40 27	2 35	17 16	29 50	9 ♌ 00 08	15 00
17	Th	21 48 28	28 28 10	12 00	16 25 28	3 37	12 28	29 47	23 55 31	9 43
18	F	21 52 25	29 ♒ 28 41	11 39	1 ♍ 29 09	4 25	6 49	29 44	9 ♍ 05 05	3 N48
19	S	21 56 21	0 ♓ 29 11	11 18	16 41 58	4 55	0 N43	29 41	24 18 24	2 S 22
20	Su	22 00 18	1 29 40	10 57	1 ♎ 53 03	5 04	5 S 24	29 38	9 ♎ 24 40	8 20
21	M	22 04 14	2 30 07	10 35	16 52 09	4 52	11 07	29 35	24 14 36	13 43
22	T	22 08 11	3 30 32	10 13	1 ♏ 31 19	4 21	16 05	29 31	8 ♏ 41 48	18 10
23	W	22 12 07	4 30 57	9 51	15 45 49	3 34	19 58	29 28	22 43 15	21 27
24	Th	22 16 04	5 31 20	9 29	29 34 13	2 36	22 36	29 25	6 ♐ 18 54	23 24
25	F	22 20 01	6 31 42	9 07	12 ♐ 57 39	1 32	23 52	29 22	19 30 52	23 59
26	S	22 23 57	7 32 02	8 45	25 58 58	0 S 24	23 46	29 19	2 ♑ 22 27	23 15
27	Su	22 27 54	8 32 21	8 22	8 ♑ 41 47	0 N44	22 25	29 15	14 57 26	21 20
28	M	22 31 50	9 ♓ 32 39	7 S 59	21 ♑ 09 52	1 N48	20 S 00	29 ♐ 12	27 ♑ 19 27	18 S 27

D M	Mercury Lat.	Mercury Dec.	Mercury Dec.	Venus Lat.	Venus Dec.	Venus Dec.	Mars Lat.	Mars Dec.	Mars Dec.	Jupiter Lat.	Jupiter Dec.
	° ′	° ′	° ′	° ′	° ′	° ′	° ′	° ′	° ′	° ′	° ′
1	1 S 19	22 S 11	21 S 59	2 N 38	20 S 46	20 S 51	1 S 05	17 S 57	17 S 43	1 S 10	0 S 20
3	1 29	21 45	21 29	2 31	20 55	20 58	1 05	17 30	17 16	1 10	0 S 10
5	1 38	21 13	20 55	2 25	21 01	21 04	1 05	17 02	16 47	1 09	0 00
7	1 47	20 35	20 14	2 18	21 06	21 07	1 05	16 33	16 18	1 09	0 N10
9	1 53	19 52	19 29	2 10	21 08	21 08	1 05	16 04	15 49	1 09	0 20
11	1 59	19 04	18 37	2 03	21 08	21 07	1 05	15 33	15 18	1 09	0 30
13	2 03	18 10	17 40	1 55	21 06	21 04	1 05	15 03	14 47	1 08	0 40
15	2 05	17 10	16 38	1 48	21 02	20 59	1 05	14 32	14 16	1 08	0 51
17	2 06	16 05	15 30	1 40	20 55	20 51	1 05	14 00	13 44	1 08	1 01
19	2 05	14 54	14 16	1 32	20 46	20 41	1 05	13 27	13 11	1 08	1 12
21	2 03	13 37	12 57	1 24	20 35	20 28	1 04	12 54	12 38	1 07	1 23
23	1 58	12 15	11 32	1 16	20 21	20 14	1 04	12 21	12 04	1 07	1 33
25	1 52	10 48	10 03	1 08	20 05	19 57	1 04	11 47	11 30	1 07	1 44
27	1 43	9 16	8 28	1 00	19 47	19 37	1 04	11 12	10 55	1 07	1 55
29	1 32	7 39	6 S 48	0 52	19 27	19 S 16	1 04	10 38	10 S 20	1 07	2 06
31	1 S 19	5 S 57		0 N 44	19 S 04		1 S 03	10 S 02		1 S 06	2 N17

FIRST QUARTER–Feb.11,07h.18m. (22°♉13′)

FULL MOON – Feb.18,08h.36m. (29°♌20′)

EPHEMERIS] FEBRUARY 2011

D M	☿ Long.	♀ Long.	♂ Long.	♃ Long.	♄ Long.	♅ Long.	♆ Long.	♇ Long.	☉	☿	♀	♂	♃	♄	♅	♆	♇
	° ′	° ′	° ′	° ′	° ′	° ′	° ′	° ′									
1	26♑16	26♐54	13♒00	1♈51	17♎12	28♓01	27♒47	6♑24		☌	⚺				⚹	⚺	
2	27 48	28 01	13 47	2 03	17R 11	28 03	27 49	6 26					⚹				⚺
3	29♑20	29♐09	14 34	2 15	17 10	28 06	27 51	6 28	☌		∠	☌	∠	△	∠		∠
4	0♒53	0♑17	15 22	2 27	17 09	28 09	27 54	6 29		⚺	⚹		⚺	⚼	⚺	☌	⚹
5	2 27	1 25	16 09	2 39	17 08	28 12	27 56	6 31	⚺	∠		⚺					
6	4 02	2 34	16 56	2 51	17 07	28 14	27 58	6 33							☌	⚺	
7	5 37	3 42	17 44	3 04	17 06	28 17	28 00	6 35	∠	⚹	□	∠	☌				□
8	7 14	4 51	18 31	3 16	17 04	28 20	28 03	6 36	⚹			⚹		☍		∠	
9	8 51	5 59	19 18	3 29	17 03	28 23	28 05	6 38					⚺		⚺	⚹	
10	10 28	7 08	20 06	3 41	17 01	28 26	28 07	6 40		□	△				∠		△
11	12 07	8 17	20 53	3 54	17 00	28 29	28 09	6 41	□		⚼	□	∠		⚹	□	⚼
12	13 46	9 26	21 40	4 06	16 58	28 31	28 12	6 43					⚹	⚼			
13	15 27	10 35	22 28	4 19	16 56	28 34	28 14	6 45	△	△		△		△			
14	17 08	11 45	23 15	4 32	16 54	28 37	28 16	6 46		⚼		⚼	□		□	△	☍
15	18 50	12 54	24 02	4 45	16 52	28 40	28 19	6 48	⚼		☍			□		⚼	
16	20 32	14 04	24 50	4 58	16 50	28 43	28 21	6 49					△		△		
17	22 16	15 13	25 37	5 11	16 48	28 46	28 23	6 51		☍			⚼	⚹	⚼		⚼
18	24 01	16 23	26 25	5 24	16 45	28 50	28 25	6 52	☍		⚼	☍		∠		☍	△
19	25 46	17 33	27 12	5 37	16 43	28 53	28 28	6 54			△			⚺			
20	27 33	18 43	27 59	5 51	16 40	28 56	28 30	6 55					☍		☍		□
21	29♒20	19 53	28 47	6 04	16 38	28 59	28 32	6 57	⚼	⚼	□	⚼		☌		⚼	
22	1♓08	21 03	29♒34	6 17	16 35	29 02	28 35	6 58	△	△		△				△	⚹
23	2 57	22 13	0♓22	6 31	16 32	29 05	28 37	6 59					⚼	⚺	⚼		∠
24	4 48	23 24	1 09	6 44	16 29	29 08	28 39	7 01	□	□	⚹	□		∠	△	□	
25	6 39	24 34	1 56	6 58	16 26	29 12	28 41	7 02			∠		△	⚹			⚺
26	8 30	25 45	2 44	7 11	16 23	29 15	28 44	7 03			⚺				□	⚹	
27	10 23	26 55	3 31	7 25	16 20	29 18	28 46	7 04	⚹	⚹		⚹	□			∠	☌
28	12♓16	28♑06	4♓18	7♈38	16♎17	29♓21	28♒48	7♑06	∠			∠		□			

D M	Saturn Lat.	Saturn Dec.	Uranus Lat.	Uranus Dec.	Neptune Lat.	Neptune Dec.	Pluto Lat.	Pluto Dec.
	° ′	° ′	° ′	° ′	° ′	° ′	° ′	° ′
1	2N33	4S23	0S43	1S27	0S29	12S42	4N29	18S48
3	2 34	4 22	0 43	1 25	0 29	12 40	4 29	18 48
5	2 34	4 21	0 43	1 23	0 29	12 39	4 29	18 48
7	2 35	4 20	0 43	1 20	0 29	12 37	4 29	18 48
9	2 36	4 18	0 43	1 18	0 29	12 36	4 29	18 48
11	2 36	4 16	0 43	1 16	0 29	12 34	4 29	18 48
13	2 37	4 14	0 43	1 13	0 29	12 33	4 29	18 47
15	2 37	4 12	0 43	1 11	0 29	12 31	4 29	18 47
17	2 38	4 10	0 43	1 08	0 29	12 29	4 29	18 47
19	2 38	4 08	0 43	1 06	0 29	12 28	4 29	18 47
21	2 38	4 06	0 43	1 03	0 29	12 26	4 29	18 47
23	2 39	4 03	0 43	1 01	0 29	12 25	4 29	18 47
25	2 39	4 01	0 43	0 58	0 29	12 23	4 29	18 46
27	2 40	3 58	0 43	0 56	0 29	12 22	4 29	18 46
29	2 40	3 55	0 43	0 53	0 29	12 20	4 29	18 46
31	2N41	3S52	0S42	0S50	0S29	12S19	4N29	18S46

Mutual Aspects

1 ☉⊥♇. ♂∠♅.
2 ☉∠♅. ☿⚹♅. ☿⚺♆. ♀□♅. ♀⚹♆.
3 ☿⚺♀. ♀Q♄.
4 ☉∠♀. ☉☌♂. ♀∠♂.
5 ☿⚹♃.
6 ☉△♄. ♀□♃. ♂△♄. ☿ ∥ ♀.
7 ☉∠♃.
8 ☿⚺♇. ♂∠♃.
10 ☉∠♇. ♀☌♇.
11 ☉⊥♅. ☿⊥♇.
12 ☿∠♅. ♂∠♇. ☿ ∥ ♇.
13 ♂⊥♅. ♃⊥♆.
14 ☿△♄.
15 ☿⊥♀. ♀∠♆.
16 ☿∠♃. ☉ ∥ ♆.
17 ☉⚺♅. ☉☌♆. ☿⊥♅. ☿∠♇.
18 ☉⊥♃. ♀□♄. ♀Q♅. ♃#♅.
20 ☉⚼♄. ☿☌♂.
21 ☿⊥♃. ☿⚺♅. ☿☌♆. ♂⚺♅. ♂☌♆.
22 ☿⚼♄.
23 ♀⊥♆. ♂⊥♃. ☿ ∥ ♂. ☿ ∥ ♆. ♂ ∥ ♆.
24 ♂⚼♄.
25 ☉☌☿. ☿⚺♃. ☿⚹♇. ♀Q♃. ♃□♇.
26 ☉⚺♃. ☉⚹♇.
27 ☿±♄.

LAST QUARTER – Feb.24,23h.26m. (6°♐00′)

NEW MOON–Mar. 4,20h.46m. (13°♓56′)

D M	D W	Sidereal Time	☉ Long.	☉ Dec.	☽ Long.	☽ Lat.	☽ Dec.	☽ Node	24h. ☽ Long.	24h. ☽ Dec.
		h m s	° ′ ″	° ′	° ′ ″	° ′	° ′	° ′	° ′ ″	° ′
1	T	22 35 47	10 ♓ 32 55	7 S 37	3 ♒ 26 36	2 N46	16 S 42	29 ♐ 09	9 ♒ 31 39	14 S 47
2	W	22 39 43	11 33 09	7 14	15 34 53	3 35	12 44	29 06	21 36 34	10 34
3	Th	22 43 40	12 33 22	6 51	27 36 55	4 14	8 19	29 03	3 ♓ 36 08	6 00
4	F	22 47 36	13 33 33	6 28	9 ♓ 34 23	4 42	3 S 37	29 00	15 31 50	1 S 14
5	S	22 51 33	14 33 42	6 05	21 28 37	4 57	1 N10	28 56	27 24 54	3 N33
6	Su	22 55 30	15 33 49	5 41	3 ♈ 20 51	4 59	5 54	28 53	9 ♈ 16 38	8 12
7	M	22 59 26	16 33 54	5 18	15 12 28	4 49	10 25	28 50	21 08 36	12 33
8	T	23 03 23	17 33 58	4 55	27 05 20	4 25	14 33	28 47	3 ♉ 02 58	16 25
9	W	23 07 19	18 33 59	4 31	9 ♉ 01 54	3 50	18 08	28 44	15 02 33	19 40
10	Th	23 11 16	19 33 58	4 08	21 05 22	3 04	20 59	28 41	27 10 53	22 05
11	F	23 15 12	20 33 55	3 44	3 ♊ 19 39	2 09	22 56	28 37	9 ♊ 32 13	23 31
12	S	23 19 09	21 33 50	3 21	15 49 12	1 N07	23 48	28 34	22 11 12	23 46
13	Su	23 23 05	22 33 43	2 57	28 38 48	0 00	23 26	28 31	5 ♋ 12 33	22 45
14	M	23 27 02	23 33 33	2 33	11 ♋ 52 58	1 S 10	21 45	28 28	18 40 26	20 25
15	T	23 30 59	24 33 22	2 10	25 35 15	2 17	18 46	28 25	2 ♌ 37 33	16 49
16	W	23 34 55	25 33 08	1 46	9 ♌ 47 17	3 19	14 36	28 21	17 04 12	12 08
17	Th	23 38 52	26 32 51	1 22	24 27 46	4 10	9 26	28 18	1 ♍ 57 16	6 35
18	F	23 42 48	27 32 33	0 59	9 ♍ 31 42	4 44	3 N36	28 15	17 09 53	0 N33
19	S	23 46 45	28 32 12	0 35	24 50 25	5 00	2 S 32	28 12	2 ♎ 31 49	5 S 35
20	Su	23 50 41	29 ♓ 31 50	0 S 11	10 ♎ 12 35	4 53	8 32	28 09	17 51 12	11 21
21	M	23 54 38	0 ♈ 31 25	0 N12	25 26 18	4 26	13 58	28 06	2 ♏ 56 39	16 20
22	T	23 58 34	1 30 59	0 36	10 ♏ 21 14	3 41	18 25	28 02	17 39 18	20 11
23	W	0 02 31	2 30 31	1 00	24 50 18	2 43	21 36	27 59	1 ♐ 53 58	22 40
24	Th	0 06 28	3 30 01	1 23	8 ♐ 50 12	1 36	23 22	27 56	15 39 08	23 41
25	F	0 10 24	4 29 29	1 47	22 21 02	0 S 27	23 40	27 53	28 56 16	23 18
26	S	0 14 21	5 28 56	2 11	5 ♑ 25 19	0 N42	22 37	27 50	11 ♑ 48 44	21 40
27	Su	0 18 17	6 28 21	2 34	18 07 04	1 47	20 26	27 47	24 20 56	18 59
28	M	0 22 14	7 27 44	2 58	0 ♒ 30 53	2 46	17 21	27 43	6 ♒ 37 31	15 31
29	T	0 26 10	8 27 05	3 21	12 41 20	3 35	13 34	27 40	18 42 50	11 28
30	W	0 30 07	9 26 25	3 44	24 42 31	4 14	9 17	27 37	0 ♓ 40 45	7 02
31	Th	0 34 03	10 ♈ 25 42	4 N08	6 ♓ 37 55	4 N42	4 S 42	27 ♐ 34	12 ♓ 34 22	2 S 21

D M	Mercury Lat.	Mercury Dec.		Venus Lat.	Venus Dec.		Mars Lat.	Mars Dec.		Jupiter Lat.	Jupiter Dec.
	° ′	° ′	° ′	° ′	° ′	° ′	° ′	° ′	° ′	° ′	° ′
1	1 S 32	7 S 39	6 S 48	0 N 52	19 S 27	19 S 16	1 S 04	10 S 38	10 S 20	1 S 07	2 N06
3	1 19	5 57	5 05	0 44	19 04	18 52	1 03	10 02	9 45	1 06	2 17
5	1 03	4 12	3 18	0 37	18 39	18 26	1 03	9 27	9 09	1 06	2 28
7	0 45	2 23	1 S 28	0 29	18 13	17 58	1 03	8 51	8 33	1 06	2 39
9	0 25	0 S 33	0 N 22	0 21	17 44	17 28	1 02	8 15	7 56	1 06	2 50
11	0 S 02	1 N17	2 11	0 14	17 13	16 56	1 02	7 38	7 20	1 06	3 02
13	0 N22	3 05	3 58	0 N 07	16 40	16 23	1 01	7 01	6 43	1 06	3 13
15	0 47	4 49	5 39	0 S 01	16 05	15 47	1 01	6 24	6 06	1 06	3 24
17	1 13	6 28	7 14	0 08	15 28	15 09	1 00	5 47	5 29	1 05	3 35
19	1 39	7 58	8 39	0 15	14 50	14 30	1 00	5 10	4 51	1 05	3 47
21	2 03	9 18	9 54	0 21	14 10	13 49	0 59	4 32	4 14	1 05	3 58
23	2 26	10 26	10 55	0 28	13 28	13 07	0 59	3 55	3 36	1 05	4 09
25	2 46	11 20	11 42	0 34	12 45	12 23	0 58	3 17	2 58	1 05	4 20
27	3 02	12 00	12 14	0 40	12 00	11 37	0 58	2 39	2 20	1 05	4 32
29	3 13	12 23	12 N 29	0 46	11 14	10 S 51	0 57	2 01	1 S 42	1 05	4 43
31	3 N19	12 N31		0 S 51	10 S 27		0 S 56	1 S 23		1 S 05	4 N54

FIRST QUARTER–Mar.12,23h.45m. (22°♊03′)

FULL MOON – Mar.19,18h.10m. (28°♍48′)

EPHEMERIS]				MARCH 2011				7
D	☿	♀	♂	♃	♄	♅	♆	♇
M	Long.	Long.	Long.	Long.	Long.	Long.	Long.	Long.
	° ′	° ′	° ′	° ′	° ′	° ′	° ′	° ′
1	14♓11	29♑17	5♓06	7♈52	16♎14	29♓25	28♒50	7♑07
2	16 05	0♒28	5 53	8 06	16R 10	29 28	28 53	7 08
3	18 00	1 39	6 41	8 20	16 07	29 31	28 55	7 09
4	19 56	2 49	7 28	8 33	16 03	29 35	28 57	7 10
5	21 52	4 00	8 15	8 47	16 00	29 38	28 59	7 11
6	23 48	5 12	9 03	9 01	15 56	29 41	29 01	7 13
7	25 43	6 23	9 50	9 15	15 53	29 45	29 04	7 14
8	27 38	7 34	10 37	9 29	15 49	29 48	29 06	7 15
9	29♓33	8 45	11 25	9 43	15 45	29 51	29 08	7 16
10	1♈26	9 56	12 12	9 57	15 41	29 55	29 10	7 16
11	3 18	11 08	12 59	10 12	15 37	29♓58	29 12	7 17
12	5 07	12 19	13 46	10 26	15 33	0♈02	29 15	7 18
13	6 55	13 31	14 34	10 40	15 29	0 05	29 17	7 19
14	8 40	14 42	15 21	10 54	15 25	0 08	29 19	7 20
15	10 21	15 54	16 08	11 08	15 21	0 12	29 21	7 21
16	11 59	17 05	16 55	11 23	15 17	0 15	29 23	7 21
17	13 32	18 17	17 42	11 37	15 12	0 19	29 25	7 22
18	15 01	19 28	18 29	11 51	15 08	0 22	29 27	7 23
19	16 24	20 40	19 17	12 05	15 04	0 26	29 29	7 24
20	17 42	21 52	20 04	12 20	14 59	0 29	29 31	7 24
21	18 54	23 04	20 51	12 34	14 55	0 32	29 33	7 25
22	19 59	24 16	21 38	12 49	14 50	0 36	29 35	7 25
23	20 57	25 27	22 25	13 03	14 46	0 39	29 37	7 26
24	21 49	26 39	23 12	13 17	14 41	0 43	29 39	7 26
25	22 33	27 51	23 59	13 32	14 37	0 46	29 41	7 27
26	23 10	29♒03	24 46	13 46	14 32	0 49	29 43	7 27
27	23 39	0♓15	25 33	14 01	14 28	0 53	29 45	7 28
28	24 01	1 27	26 20	14 15	14 23	0 56	29 47	7 28
29	24 14	2 40	27 07	14 30	14 18	1 00	29 49	7 29
30	24 21	3 52	27 53	14 44	14 14	1 03	29 51	7 29
31	24♈20	5♓04	28♓40	14♈59	14♎09	1♈07	29♒53	7♑29

D	Lunar Aspects								
M	☉	☿	♀	♂	♃	♄	♅	♆	♇
1		∠	☌	⊻	⚹		⚹	⊻	⊻
2	⊻	⊻				△	∠		
3			⊻		∠	⚼	⊻	☌	∠
4	☌			☌	⊻				⚹
5		☌	∠						
6			⚹		☌		☌	⊻	□
7	⊻			⊻		☍		∠	
8		⊻		∠			⊻	⚹	
9	∠		□	⚹	⊻		∠		△
10	⚹	∠			∠				⚼
11		⚹				⚼	⚹	□	
12	□		△	□	⚹	△			
13			⚼				□	△	
14		□		△	□	□		⚼	☍
15	△			⚼			△		
16	⚼	△			△	⚹	⚼		
17		⚼	☍		⚼	∠		☍	⚼
18						⊻			△
19	☍			☍			☍		
20			⚼		☍	☌		⚼	□
21		☍	△					△	
22	⚼			⚼		⊻	⚼		⚹
23			□	△	⚼	∠	△	□	∠
24	△	⚼			△	⚹			⊻
25		△	⚹	□					
26	□						□	⚹	☌
27		□	∠		□	□		∠	
28			⊻	⚹			⚹	⊻	
29	⚹			∠	⚹	△	∠		⊻
30	∠	⚹		⊻	∠	⚼		☌	∠
31	⊻	∠	☌				⊻		⚹

D	Saturn		Uranus		Neptune		Pluto	
M	Lat.	Dec.	Lat.	Dec.	Lat.	Dec.	Lat.	Dec.
	° ′	° ′	° ′	° ′	° ′	° ′	° ′	° ′
1	2N40	3S54	0S42	0S52	0S29	12S19	4N29	18S46
3	2 41	3 51	0 42	0 49	0 29	12 18	4 29	18 46
5	2 41	3 47	0 42	0 46	0 29	12 16	4 29	18 46
7	2 41	3 44	0 42	0 44	0 29	12 15	4 29	18 45
9	2 42	3 41	0 42	0 41	0 29	12 13	4 29	18 45
11	2 42	3 38	0 42	0 38	0 29	12 12	4 29	18 45
13	2 42	3 34	0 42	0 36	0 29	12 10	4 30	18 45
15	2 43	3 31	0 42	0 33	0 30	12 09	4 30	18 45
17	2 43	3 27	0 42	0 30	0 30	12 07	4 30	18 45
19	2 43	3 24	0 42	0 27	0 30	12 06	4 30	18 44
21	2 43	3 20	0 42	0 25	0 30	12 05	4 30	18 44
23	2 44	3 16	0 42	0 22	0 30	12 03	4 30	18 44
25	2 44	3 13	0 42	0 19	0 30	12 02	4 30	18 44
27	2 44	3 09	0 42	0 16	0 30	12 01	4 30	18 44
29	2 44	3 05	0 42	0 14	0 30	11 59	4 30	18 44
31	2N44	3S02	0S42	0S11	0S30	11S58	4N30	18S44

Mutual Aspects

1 ☉±♄. ☿∠♀. ♀⊥♂. ♀⚹♅. ♀⊻♆.
☉∥☿.
2 ☿∇♄.
4 ☿Q♇. ♂⚹♇.
5 ☿∥♄. ♀∥♇.
6 ☉∇♄. ♂⊻♃.
7 ♂±♄. ☿#♃.
8 ♀⊻♇.
9 ☿☌♅. ☿⊻♆. ☿∥♅.
10 ☉Q♇. ♀⚹♃. ☿#♅.
11 ☉∥♄.
12 ☿⊥♆. ☉#♃.
13 ☿□♇. ♀⊥♇. ☉#☿. ☿∥♃.
14 ♀∠♅. ♂∇♄. ☿#♄.
15 ♀△♄.
16 ☿☌♃. ♀⊻♂. ☿#♂. ♃#♄.
18 ☿☍♄. ☿∠♆.
19 ♂Q♇. ☉∥♅.
20 ☉⊻♆. ♀∠♇.
21 ☉☌♅.
22 ♀⊥♅. ☉#♅. ♂#♃.
24 ♄⚼♆. 25 ♂∥♄.
26 ☉⊥♆. ♀∠♃. ♀⚼♄.
27 ♀☌♆. ☉#♂. ☿#♀. ☿#♆. ♀∥♆.
28 ☉⊥♀. ☉□♇. ♀⊻♅. ♃☍♄. ☉#♄.
30 ☿Stat. 31 ♃∠♆.

LAST QUARTER – Mar.26,12h.07m. (5°♑29′)

NEW MOON–Apr. 3,14h.32m. (13°♈30′)

D M	D W	Sidereal Time	☉ Long.	☉ Dec.	☽ Long.	☽ Lat.	☽ Dec.	☽ Node	24h. ☽ Long.	24h. ☽ Dec.
		h m s	° ′ ″	° ′	° ′ ″	° ′	° ′	° ′	° ′ ″	° ′
1	F	0 38 00	11 ♈ 24 58	4 N31	18 ♓ 30 21	4 N57	0 N01	27 ♐ 31	24 ♓ 26 07	2 N23
2	S	0 41 57	12 24 12	4 54	0 ♈ 21 54	5 00	4 44	27 27	6 ♈ 17 52	7 02
3	Su	0 45 53	13 23 23	5 17	12 14 13	4 49	9 16	27 24	18 11 05	11 26
4	M	0 49 50	14 22 33	5 40	24 08 39	4 26	13 29	27 21	0 ♉ 07 04	15 24
5	T	0 53 46	15 21 41	6 03	6 ♉ 06 33	3 51	17 11	27 18	12 07 17	18 47
6	W	0 57 43	16 20 46	6 26	18 09 31	3 05	20 12	27 15	24 13 32	21 23
7	Th	1 01 39	17 19 50	6 48	0 ♊ 19 39	2 10	22 20	27 12	6 ♊ 28 12	23 02
8	F	1 05 36	18 18 51	7 11	12 39 35	1 08	23 27	27 08	18 54 15	23 34
9	S	1 09 32	19 17 50	7 33	25 12 37	0 N02	23 23	27 05	1 ♋ 35 12	22 54
10	Su	1 13 29	20 16 47	7 55	8 ♋ 02 27	1 S 06	22 06	27 02	14 34 53	21 00
11	M	1 17 26	21 15 41	8 18	21 12 55	2 12	19 36	26 59	27 56 58	17 54
12	T	1 21 22	22 14 33	8 40	4 ♌ 47 22	3 13	15 57	26 56	11 ♌ 44 20	13 44
13	W	1 25 19	23 13 23	9 01	18 47 55	4 04	11 19	26 53	25 58 05	8 42
14	Th	1 29 15	24 12 10	9 23	3 ♍ 14 32	4 42	5 56	26 49	10 ♍ 36 48	3 N03
15	F	1 33 12	25 10 55	9 45	18 04 12	5 02	0 N05	26 46	25 35 48	2 S 54
16	S	1 37 08	26 09 38	10 06	3 ♎ 10 33	5 01	5 S 52	26 43	10 ♎ 47 10	8 46
17	Su	1 41 05	27 08 19	10 27	18 24 20	4 40	11 31	26 40	26 00 40	14 06
18	M	1 45 01	28 06 58	10 48	3 ♏ 34 49	3 58	16 27	26 37	11 ♏ 05 30	18 30
19	T	1 48 58	29 ♈ 05 35	11 09	18 31 36	3 01	20 14	26 33	25 52 10	21 37
20	W	1 52 55	0 ♉ 04 10	11 30	3 ♐ 06 28	1 53	22 38	26 30	10 ♐ 13 58	23 15
21	Th	1 56 51	1 02 44	11 50	17 14 22	0 S 40	23 30	26 27	24 07 33	23 22
22	F	2 00 48	2 01 16	12 11	0 ♑ 53 34	0 N33	22 53	26 24	7 ♑ 32 40	22 05
23	S	2 04 44	2 59 46	12 31	14 05 10	1 42	21 00	26 21	20 31 31	19 40
24	Su	2 08 41	3 58 15	12 50	26 52 14	2 44	18 06	26 18	3 ♒ 07 52	16 21
25	M	2 12 37	4 56 42	13 10	9 ♒ 19 00	3 36	14 27	26 14	15 26 14	12 24
26	T	2 16 34	5 55 07	13 30	21 30 11	4 18	10 16	26 11	27 31 25	8 03
27	W	2 20 30	6 53 31	13 49	3 ♓ 30 30	4 47	5 45	26 08	9 ♓ 27 58	3 S 26
28	Th	2 24 27	7 51 53	14 08	15 24 19	5 04	1 S 05	26 05	21 20 00	1 N16
29	F	2 28 24	8 50 13	14 27	27 15 26	5 07	3 N36	26 02	3 ♈ 11 01	5 55
30	S	2 32 20	9 ♉ 48 32	14 N45	9 ♈ 07 03	4 N58	8 N10	25 ♐ 58	15 ♈ 03 51	10 N21

D M	Mercury Lat.	Mercury Dec.		Venus Lat.	Venus Dec.		Mars Lat.	Mars Dec.		Jupiter Lat.	Jupiter Dec.
	° ′	° ′	° ′	° ′	° ′	° ′	° ′	° ′	° ′	° ′	° ′
1	3 N20	12 N29	12 N 22	0 S 54	10 S 03	9 S 38	0 S 56	1 S 04	0 S 46	1 S 05	5 N00
3	3 17	12 12	11 58	0 59	9 14	8 49	0 55	0 S 27	0 S 08	1 05	5 11
5	3 07	11 41	11 20	1 04	8 23	7 58	0 55	0 N11	0 N 30	1 05	5 22
7	2 50	10 57	10 31	1 08	7 32	7 06	0 54	0 49	1 08	1 05	5 33
9	2 28	10 03	9 33	1 13	6 40	6 14	0 53	1 27	1 45	1 05	5 44
11	2 01	9 03	8 31	1 17	5 48	5 21	0 52	2 04	2 23	1 05	5 56
13	1 30	8 00	7 29	1 20	4 54	4 27	0 51	2 41	3 00	1 05	6 07
15	0 58	6 58	6 29	1 24	4 00	3 33	0 51	3 19	3 37	1 05	6 18
17	0 N24	6 02	5 36	1 27	3 05	2 38	0 50	3 56	4 14	1 05	6 28
19	0 S 08	5 13	4 51	1 29	2 10	1 43	0 49	4 32	4 51	1 05	6 39
21	0 40	4 33	4 16	1 32	1 15	0 S 47	0 48	5 09	5 27	1 05	6 50
23	1 08	4 03	3 51	1 34	0 S 19	0 N09	0 47	5 45	6 03	1 05	7 01
25	1 34	3 43	3 37	1 36	0 N37	1 05	0 46	6 21	6 39	1 05	7 12
27	1 57	3 34	3 33	1 37	1 33	2 01	0 45	6 57	7 15	1 05	7 22
29	2 16	3 34	3 N 38	1 39	2 29	2 N57	0 44	7 32	7 N 50	1 05	7 33
31	2 S 33	3 N44		1 S 40	3 N25		0 S 43	8 N07		1 S 05	7 N43

FIRST QUARTER–Apr.11,12h.05m. (21°♋16′)

EPHEMERIS]				APRIL 2011													9
D	☿	♀	♂	♃	♄	♅	♆	♇	Lunar Aspects								
M	Long.	Long.	Long.	Long.	Long.	Long.	Long.	Long.	☉	☿	♀	♂	♃	♄	♅	♆	♇
	° ′	° ′	° ′	° ′	° ′	° ′	° ′	° ′									
1	24♈12	6♓16	29♓27	15♈13	14♎04	1♈10	29♒55	7♑29		⚺			⚺				
2	23R 57	7 28	0♈14	15 28	14R 00	1 13	29 56	7 30				☌			☌	⚺	
3	23 36	8 40	1 01	15 42	13 55	1 17	29♒58	7 30	☌		⚺		☌	☍		∠	□
4	23 09	9 53	1 47	15 57	13 50	1 20	0♓00	7 30		☌	∠					⚹	
5	22 37	11 05	2 34	16 11	13 46	1 23	0 02	7 30			⚹	⚺			⚺		△
6	22 00	12 17	3 21	16 26	13 41	1 27	0 03	7 30	⚺	⚺		∠	⚺		∠		⚼
7	21 19	13 30	4 07	16 40	13 36	1 30	0 05	7 30	∠	∠		⚹	∠	⚼	⚹	□	
8	20 36	14 42	4 54	16 55	13 32	1 33	0 07	7 30	⚹		□		⚹	△			
9	19 51	15 54	5 41	17 09	13 27	1 37	0 08	7R 30		⚹						△	
10	19 05	17 07	6 27	17 24	13 23	1 40	0 10	7 30				□		□	□		☍
11	18 18	18 19	7 14	17 38	13 18	1 43	0 12	7 30	□	□	△		□			⚼	
12	17 33	19 31	8 00	17 53	13 13	1 47	0 13	7 30			⚼	△			△		
13	16 49	20 44	8 46	18 07	13 09	1 50	0 15	7 30	△	△		⚼	△	⚹	⚼		⚼
14	16 07	21 56	9 33	18 22	13 04	1 53	0 16	7 30	⚼	⚼			⚼	∠		☍	△
15	15 28	23 09	10 19	18 36	13 00	1 56	0 18	7 30			☍			⚺			
16	14 53	24 21	11 05	18 51	12 55	2 00	0 19	7 30							☍		□
17	14 21	25 34	11 52	19 05	12 51	2 03	0 21	7 29		☍		☍	☍	☌		⚼	
18	13 54	26 46	12 38	19 19	12 46	2 06	0 22	7 29	☍							△	⚹
19	13 32	27 59	13 24	19 34	12 42	2 09	0 24	7 29			⚼			⚺	⚼		∠
20	13 15	29♓11	14 10	19 48	12 38	2 12	0 25	7 29		⚼	△	⚼	⚼	∠	△	□	⚺
21	13 03	0♈24	14 56	20 03	12 33	2 15	0 26	7 28	⚼	△		△	△	⚹			
22	12 55	1 36	15 42	20 17	12 29	2 18	0 28	7 28	△		□				□	⚹	☌
23	12D 53	2 49	16 28	20 31	12 25	2 21	0 29	7 27		□		□		□		∠	
24	12 56	4 02	17 14	20 46	12 21	2 24	0 30	7 27					□		⚹	⚺	
25	13 04	5 14	18 00	21 00	12 17	2 28	0 31	7 26	□	⚹	⚹			△			⚺
26	13 17	6 27	18 46	21 14	12 12	2 31	0 33	7 26			∠	⚹	⚹	⚼	∠		∠
27	13 34	7 40	19 32	21 28	12 08	2 34	0 34	7 25	⚹	∠	⚺	∠	∠		⚺	☌	⚹
28	13 56	8 52	20 18	21 43	12 04	2 36	0 35	7 25		⚺		⚺					
29	14 23	10 05	21 04	21 57	12 01	2 39	0 36	7 24	∠				⚺		☌	⚺	
30	14♈53	11♈18	21♈49	22♈11	11♎57	2♈42	0♓37	7♑24	⚺		☌			☍			□

D	Saturn		Uranus		Neptune		Pluto	
M	Lat.	Dec.	Lat.	Dec.	Lat.	Dec.	Lat.	Dec.
	° ′	° ′	° ′	° ′	° ′	° ′	° ′	° ′
1	2N44	3S00	0S42	0S10	0S30	11S58	4N30	18S44
3	2 44	2 56	0 42	0 07	0 30	11 56	4 30	18 43
5	2 44	2 53	0 42	0 04	0 30	11 55	4 31	18 43
7	2 44	2 49	0 42	0S02	0 30	11 54	4 31	18 43
9	2 44	2 46	0 42	0N01	0 30	11 53	4 31	18 43
11	2 44	2 42	0 42	0 03	0 30	11 52	4 31	18 43
13	2 44	2 39	0 42	0 06	0 30	11 51	4 31	18 43
15	2 44	2 35	0 42	0 09	0 30	11 50	4 31	18 43
17	2 44	2 32	0 42	0 11	0 30	11 49	4 31	18 43
19	2 44	2 29	0 42	0 14	0 30	11 48	4 31	18 43
21	2 43	2 25	0 43	0 16	0 30	11 47	4 31	18 43
23	2 43	2 22	0 43	0 18	0 30	11 46	4 31	18 43
25	2 43	2 19	0 43	0 21	0 30	11 45	4 31	18 43
27	2 43	2 16	0 43	0 23	0 30	11 44	4 31	18 43
29	2 43	2 14	0 43	0 25	0 31	11 44	4 31	18 43
31	2N42	2S11	0S43	0N28	0S31	11S43	4N31	18S43

Mutual Aspects

2 ♀±♄. ♀⚹♇. ♂⚺♆.
3 ☉☍♄. ☿∠♀. ♂☌♅. ☉∥♃.
4 ♀⊥♃. ☿#♆. ♂∥♅.
5 ☉∠♆. ♂#♅.
6 ☉☌♃.
7 ♀▽♄.
8 ☿⊥♀. ☉#♀.
9 ☉☌☿. ♇Stat.
10 ♀⚺♃. ♂⊥♆.
11 ☿⚺♀. ♂□♇. ♀#♃.
12 ☿☌♃. ♀Q♇. ☉∥☿.
13 ♂#♄.
15 ☿∠♆.
16 ☿∥♃. ♀#♂.
18 ♂☍♄. ♀∥♄.
19 ☿☌♂.
20 ☉⚹♆. ☿∥♂.
21 ♀⚺♆. ☉#♆.
22 ☉⚺♅. ♂∠♆.
23 ♀☌♅. ♀#♅. ☿Stat.
24 ☉⚺♀. ♀∥♅.
26 ♀⊥♆.
27 ♀□♇.
28 ☉△♇.
29 ☉⊥♅. ♀#♄. ♂∥♃.

NEW MOON–May 3,06h.51m. (12°♉31′)

D M	D W	Sidereal Time	☉ Long.	☉ Dec.	☽ Long.	☽ Lat.	☽ Dec.	☽ Node	24h. ☽ Long.	24h. ☽ Dec.
		h m s	° ′ ″	° ′	° ′ ″	° ′	° ′	° ′	° ′ ″	° ′
1	Su	2 36 17	10 ♉ 46 49	15 N03	21 ♈ 01 40	4 N35	12 N27	25 ♐ 55	27 ♈ 00 45	14 N26
2	M	2 40 13	11 45 04	15 22	3 ♉ 01 17	4 00	16 17	25 52	9 ♉ 03 26	17 58
3	T	2 44 10	12 43 18	15 39	15 07 24	3 14	19 28	25 49	21 13 19	20 45
4	W	2 48 06	13 41 30	15 57	27 21 21	2 19	21 49	25 46	3 ♊ 31 39	22 37
5	Th	2 52 03	14 39 41	16 14	9 ♊ 44 25	1 16	23 10	25 43	15 59 49	23 24
6	F	2 55 59	15 37 49	16 31	22 18 03	0 N08	23 21	25 39	28 39 22	23 00
7	S	2 59 56	16 35 56	16 48	5 ♋ 03 59	1 S01	22 20	25 36	11 ♋ 32 10	21 22
8	Su	3 03 53	17 34 01	17 04	18 04 12	2 08	20 06	25 33	24 40 20	18 34
9	M	3 07 49	18 32 04	17 20	1 ♌ 20 50	3 10	16 46	25 30	8 ♌ 05 56	14 44
10	T	3 11 46	19 30 05	17 36	14 55 48	4 03	12 29	25 27	21 50 34	10 03
11	W	3 15 42	20 28 04	17 52	28 50 16	4 43	7 27	25 24	5 ♍ 54 52	4 N44
12	Th	3 19 39	21 26 01	18 07	13 ♍ 04 11	5 07	1 N56	25 20	20 17 53	0 S56
13	F	3 23 35	22 23 56	18 22	27 35 32	5 11	3 S48	25 17	4 ♎ 56 33	6 39
14	S	3 27 32	23 21 50	18 37	12 ♎ 20 10	4 56	9 25	25 14	19 45 33	12 03
15	Su	3 31 28	24 19 42	18 51	27 11 45	4 21	14 31	25 11	4 ♏ 37 46	16 46
16	M	3 35 25	25 17 32	19 05	12 ♏ 02 34	3 28	18 45	25 08	19 25 08	20 24
17	T	3 39 22	26 15 20	19 19	26 44 31	2 22	21 43	25 04	3 ♐ 59 51	22 40
18	W	3 43 18	27 13 08	19 32	11 ♐ 10 24	1 S07	23 14	25 01	18 15 33	23 24
19	Th	3 47 15	28 10 54	19 45	25 14 53	0 N09	23 12	24 58	2 ♑ 08 06	22 38
20	F	3 51 11	29 ♉ 08 39	19 58	8 ♑ 55 02	1 24	21 45	24 55	15 35 43	20 34
21	S	3 55 08	0 ♊ 06 22	20 10	22 10 16	2 31	19 08	24 52	28 38 56	17 28
22	Su	3 59 04	1 04 04	20 22	5 ♒ 02 03	3 29	15 38	24 49	11 ♒ 20 02	13 38
23	M	4 03 01	2 01 46	20 34	17 33 20	4 15	11 31	24 45	23 42 30	9 19
24	T	4 06 57	2 59 26	20 45	29 48 04	4 48	7 02	24 42	5 ♓ 50 37	4 S43
25	W	4 10 54	3 57 05	20 56	11 ♓ 50 43	5 08	2 S22	24 39	17 48 57	0 00
26	Th	4 14 51	4 54 43	21 07	23 45 53	5 15	2 N21	24 36	29 42 03	4 N40
27	F	4 18 47	5 52 20	21 17	5 ♈ 38 00	5 08	6 57	24 33	11 ♈ 34 14	9 10
28	S	4 22 44	6 49 56	21 27	17 31 12	4 48	11 19	24 30	23 29 20	13 21
29	Su	4 26 40	7 47 32	21 36	29 29 03	4 15	15 16	24 26	5 ♉ 30 40	17 02
30	M	4 30 37	8 45 06	21 46	11 ♉ 34 32	3 31	18 39	24 23	17 40 54	20 03
31	T	4 34 33	9 ♊ 42 39	21 N54	23 ♉ 49 59	2 N36	21 N15	24 ♐ 20	0 ♊ 02 01	22 N12

D M	Mercury Lat.	Mercury Dec.		Venus Lat.	Venus Dec.		Mars Lat.	Mars Dec.		Jupiter Lat.	Jupiter Dec.
	° ′	° ′	° ′	° ′	° ′	° ′	° ′	° ′	° ′	° ′	° ′
1	2 S33	3 N44	3 N53	1 S 40	3 N25	3 N53	0 S 43	8 N07	8 N 25	1 S 05	7 N43
3	2 46	4 03	4 16	1 40	4 21	4 48	0 42	8 42	8 59	1 05	7 54
5	2 56	4 30	4 46	1 40	5 16	5 44	0 41	9 16	9 33	1 05	8 04
7	3 03	5 04	5 24	1 40	6 11	6 38	0 40	9 50	10 07	1 05	8 14
9	3 07	5 45	6 08	1 40	7 06	7 33	0 39	10 23	10 40	1 05	8 24
11	3 09	6 33	6 58	1 40	8 00	8 27	0 38	10 56	11 12	1 05	8 34
13	3 07	7 25	7 54	1 39	8 53	9 20	0 37	11 29	11 45	1 06	8 44
15	3 04	8 23	8 54	1 38	9 46	10 12	0 35	12 01	12 16	1 06	8 54
17	2 57	9 25	9 58	1 36	10 38	11 04	0 34	12 32	12 48	1 06	9 03
19	2 49	10 31	11 06	1 34	11 29	11 54	0 33	13 03	13 18	1 06	9 13
21	2 38	11 41	12 16	1 32	12 19	12 44	0 32	13 33	13 48	1 06	9 22
23	2 25	12 53	13 29	1 30	13 08	13 32	0 31	14 03	14 18	1 06	9 32
25	2 11	14 07	14 44	1 28	13 56	14 19	0 30	14 32	14 47	1 06	9 41
27	1 54	15 22	16 00	1 25	14 42	15 05	0 28	15 01	15 15	1 07	9 50
29	1 36	16 38	17 N 15	1 22	15 27	15 N49	0 27	15 29	15 N 43	1 07	9 59
31	1 S16	17 N53		1 S 19	16 N11		0 S 26	15 N56		1 S 07	10 N08

FIRST QUARTER–May 10,20h.33m. (19°♌51′)

FULL MOON–May 17,11h.09m. (26°♏13′)

D M	☿ Long.	♀ Long.	♂ Long.	♃ Long.	♄ Long.	♅ Long.	♆ Long.	♇ Long.	☉	☿	♀	♂	♃	♄	♅	♆	♇
	° ′	° ′	° ′	° ′	° ′	° ′	° ′	° ′									
1	15♈28	12♈30	22♈35	22♈25	11♎53	2♈45	0♓38	7♑23		☌		☌	☌			∠	
2	16 06	13 43	23 21	22 39	11R 49	2 48	0 39	7R 22							⚺	⚹	△
3	16 49	14 56	24 06	22 53	11 45	2 51	0 40	7 22	☌	⚺	⚺				∠		
4	17 35	16 09	24 52	23 07	11 42	2 54	0 41	7 21		∠	∠	⚺	⚺	⚼	⚹	□	⚼
5	18 24	17 21	25 37	23 21	11 38	2 56	0 42	7 20	⚺			∠	∠	△			
6	19 17	18 34	26 23	23 35	11 35	2 59	0 43	7 19		⚹	⚹	⚹	⚹				
7	20 13	19 47	27 08	23 49	11 31	3 02	0 44	7 19	∠					□	□	△	☍
8	21 12	21 00	27 54	24 03	11 28	3 05	0 45	7 18	⚹	□	□		□			⚼	
9	22 14	22 12	28 39	24 17	11 25	3 07	0 46	7 17				□			△		
10	23 19	23 25	29♈24	24 31	11 22	3 10	0 46	7 16	□					⚹	⚼		
11	24 26	24 38	0♉09	24 45	11 19	3 12	0 47	7 15		△	△	△	△	∠		☍	⚼
12	25 36	25 51	0 54	24 58	11 16	3 15	0 48	7 14		⚼	⚼	⚼	⚼	⚺			△
13	26 49	27 03	1 40	25 12	11 13	3 17	0 49	7 13	△						☍		
14	28 05	28 16	2 25	25 26	11 10	3 20	0 49	7 12	⚼					☌		⚼	□
15	29♈22	29♈29	3 10	25 39	11 07	3 22	0 50	7 11		☍	☍	☍	☍			△	
16	0♉43	0♉42	3 55	25 53	11 04	3 25	0 50	7 10						⚺	⚼		⚹
17	2 06	1 55	4 39	26 06	11 02	3 27	0 51	7 09	☍					∠	△	□	∠
18	3 31	3 08	5 24	26 20	10 59	3 30	0 52	7 08					⚼	⚹			⚺
19	4 58	4 20	6 09	26 33	10 57	3 32	0 52	7 07		⚼	⚼	⚼	△			⚹	
20	6 28	5 33	6 54	26 46	10 54	3 34	0 53	7 06	⚼	△	△	△		□	□		☌
21	8 00	6 46	7 38	27 00	10 52	3 36	0 53	7 05					□			∠	
22	9 34	7 59	8 23	27 13	10 50	3 39	0 53	7 04	△	□	□	□		△	⚹	⚺	⚺
23	11 11	9 12	9 08	27 26	10 48	3 41	0 54	7 03							∠		∠
24	12 50	10 25	9 52	27 39	10 46	3 43	0 54	7 01	□				⚹	⚼	⚺	☌	
25	14 31	11 38	10 37	27 52	10 44	3 45	0 54	7 00		⚹	⚹	⚹	∠				⚹
26	16 14	12 51	11 21	28 05	10 42	3 47	0 55	6 59			∠	∠	⚺				
27	18 00	14 04	12 06	28 18	10 41	3 49	0 55	6 58	⚹	∠				☍	☌	⚺	□
28	19 47	15 17	12 50	28 31	10 39	3 51	0 55	6 56	∠	⚺	⚺	⚺				∠	
29	21 38	16 30	13 34	28 44	10 37	3 53	0 55	6 55					☌		⚺	⚹	
30	23 30	17 42	14 18	28 56	10 36	3 55	0 55	6 54	⚺			☌					△
31	25♉24	18♉55	15♉02	29♈09	10♎35	3♈57	0♓56	6♑53		☌	☌		⚺	⚼	∠		⚼

D M	Saturn Lat.	Saturn Dec.	Uranus Lat.	Uranus Dec.	Neptune Lat.	Neptune Dec.	Pluto Lat.	Pluto Dec.
	° ′	° ′	° ′	° ′	° ′	° ′	° ′	° ′
1	2N42	2S11	0S43	0N28	0S31	11S43	4N31	18S43
3	2 42	2 08	0 43	0 30	0 31	11 42	4 31	18 43
5	2 42	2 06	0 43	0 32	0 31	11 42	4 31	18 43
7	2 41	2 03	0 43	0 34	0 31	11 41	4 32	18 43
9	2 41	2 01	0 43	0 36	0 31	11 41	4 32	18 43
11	2 41	1 59	0 43	0 38	0 31	11 40	4 32	18 43
13	2 40	1 57	0 43	0 40	0 31	11 40	4 32	18 43
15	2 40	1 56	0 43	0 42	0 31	11 39	4 32	18 43
17	2 40	1 54	0 43	0 44	0 31	11 39	4 32	18 44
19	2 39	1 52	0 43	0 46	0 31	11 39	4 32	18 44
21	2 39	1 51	0 43	0 47	0 31	11 39	4 31	18 44
23	2 38	1 50	0 43	0 49	0 31	11 38	4 31	18 44
25	2 38	1 49	0 43	0 51	0 31	11 38	4 31	18 44
27	2 38	1 48	0 43	0 52	0 31	11 38	4 31	18 44
29	2 37	1 47	0 43	0 54	0 31	11 38	4 31	18 45
31	2N37	1S47	0S43	0N55	0S31	11S38	4N31	18S45

Mutual Aspects

1 ☿∠♆. ♀☍♄. ♂☌♃.
2 ☉⊽♄. ☿∥♀.
3 ☉Q♆. 4 ♀∠♆.
8 ☉±♄.
9 ☉∠♅. ☿☌♀.
11 ☿☌♃. ♀☌♃.
12 ♂⚹♆.
13 ☉⚼♇. ♀∥♃.
14 ☉#♇. ♂#♆.
15 ♂⚺♅.
16 ☿☌♀. ☿⚹♆. ♀⚹♆. ☿∥♃.
17 ☉⚺♃. ☉⚼♄.
18 ☿⚺♅. ♀⚺♅.
19 ♀#♆.
20 ☿△♇. ♂△♇.
21 ☿☌♂. ♀△♇. ☿#♆.
22 ☉□♆. ☉±♇. ☿⊥♅.
23 ☿⊽♄. ♀☌♂. ♀⊥♅.
24 ☿Q♆. ♀⊽♄. ♂⊥♅. ☿∥♀.
25 ☉⊥♃. ☉⚹♅. ♂⊽♄.
26 ☿±♄. ♀Q♆. ☿∥♂.
27 ☿∠♅.
28 ☉⊽♇. ♂Q♆.
29 ☿⚼♇. ♀±♄. ♀∥♂.
31 ☿⚼♄. ♀∠♅.

LAST QUARTER–May 24,18h.52m. (3°♓16′)

NEW MOON–June 1,21h.03m. (11°♊02′)

D M	D W	Sidereal Time	☉ Long.	☉ Dec.	☽ Long.	☽ Lat.	☽ Dec.	☽ Node	24h. ☽ Long.	24h. ☽ Dec.
		h m s	° ′ ″	° ′	° ′ ″	° ′	° ′	° ′	° ′ ″	° ′
1	W	4 38 30	10 ♊ 40 12	22 N03	6 ♊ 17 06	1 N33	22 N53	24 ♐ 17	12 ♊ 35 23	23 N17
2	Th	4 42 26	11 37 43	22 11	18 56 58	0 N25	23 23	24 14	25 21 52	23 11
3	F	4 46 23	12 35 14	22 18	1 ♋ 50 10	0 S47	22 39	24 10	8 ♋ 21 51	21 49
4	S	4 50 20	13 32 43	22 25	14 56 57	1 56	20 40	24 07	21 35 26	19 14
5	Su	4 54 16	14 30 11	22 32	28 17 16	3 01	17 32	24 04	5 ♌ 02 27	15 36
6	M	4 58 13	15 27 38	22 39	11 ♌ 50 55	3 57	13 26	24 01	18 42 35	11 05
7	T	5 02 09	16 25 04	22 45	25 37 23	4 40	8 34	23 58	2 ♍ 35 13	5 56
8	W	5 06 06	17 22 28	22 50	9 ♍ 35 56	5 08	3 N13	23 55	16 39 20	0 N26
9	Th	5 10 02	18 19 51	22 55	23 45 12	5 17	2 S22	23 51	0 ♎ 53 17	5 S09
10	F	5 13 59	19 17 14	23 00	8 ♎ 03 13	5 07	7 53	23 48	15 14 38	10 31
11	S	5 17 55	20 14 35	23 05	22 27 04	4 37	13 01	23 45	29 40 02	15 20
12	Su	5 21 52	21 11 55	23 09	6 ♏ 53 00	3 50	17 26	23 42	14 ♏ 05 22	19 16
13	M	5 25 49	22 09 14	23 12	21 16 32	2 49	20 48	23 39	28 25 55	21 59
14	T	5 29 45	23 06 33	23 15	5 ♐ 32 54	1 38	22 50	23 36	12 ♐ 36 56	23 18
15	W	5 33 42	24 03 50	23 18	19 37 28	0 S21	23 23	23 32	26 34 02	23 06
16	Th	5 37 38	25 01 07	23 21	3 ♑ 26 16	0 N55	22 28	23 29	10 ♑ 13 51	21 31
17	F	5 41 35	25 58 24	23 23	16 56 34	2 07	20 16	23 26	23 34 16	18 46
18	S	5 45 31	26 55 40	23 24	0 ♒ 06 56	3 10	17 02	23 23	6 ♒ 34 38	15 07
19	Su	5 49 28	27 52 55	23 25	12 57 30	4 01	13 04	23 20	19 15 46	10 53
20	M	5 53 24	28 50 10	23 26	25 29 45	4 40	8 37	23 16	1 ♓ 39 47	6 18
21	T	5 57 21	29 ♊ 47 25	23 26	7 ♓ 46 19	5 05	3 S56	23 13	13 49 48	1 S33
22	W	6 01 18	0 ♋ 44 40	23 26	19 50 46	5 16	0 N50	23 10	25 49 44	3 N11
23	Th	6 05 14	1 41 54	23 26	1 ♈ 47 16	5 13	5 30	23 07	7 ♈ 43 57	7 46
24	F	6 09 11	2 39 09	23 25	13 40 21	4 57	9 57	23 04	19 37 03	12 03
25	S	6 13 07	3 36 23	23 23	25 34 36	4 28	14 03	23 01	1 ♉ 33 35	15 54
26	Su	6 17 04	4 33 37	23 22	7 ♉ 34 30	3 47	17 37	22 57	13 37 52	19 09
27	M	6 21 00	5 30 51	23 19	19 44 08	2 56	20 29	22 54	25 53 43	21 36
28	T	6 24 57	6 28 05	23 17	2 ♊ 06 58	1 55	22 28	22 51	8 ♊ 24 13	23 04
29	W	6 28 53	7 25 19	23 14	14 45 41	0 N48	23 22	22 48	21 11 32	23 21
30	Th	6 32 50	8 ♋ 22 33	23 N10	27 ♊ 41 53	0 S23	23 N02	22 ♐ 45	4 ♋ 16 44	22 N23

D M	Mercury Lat.	Mercury Dec.		Venus Lat.	Venus Dec.		Mars Lat.	Mars Dec.		Jupiter Lat.	Jupiter Dec.
	° ′	° ′	° ′	° ′	° ′	° ′	° ′	° ′	° ′	° ′	° ′
1	1 S06	18 N30	19 N 06	1 S 17	16 N32	16 N53	0 S 25	16 N10	16 N 23	1 S 07	10 N12
3	0 45	19 42	20 16	1 14	17 13	17 33	0 24	16 36	16 49	1 07	10 21
5	0 23	20 50	21 22	1 10	17 53	18 12	0 23	17 02	17 14	1 07	10 29
7	0 S02	21 52	22 21	1 07	18 30	18 48	0 21	17 27	17 39	1 08	10 37
9	0 N19	22 48	23 13	1 03	19 06	19 23	0 20	17 51	18 03	1 08	10 45
11	0 40	23 35	23 55	0 59	19 40	19 56	0 19	18 14	18 26	1 08	10 53
13	0 58	24 13	24 27	0 54	20 12	20 27	0 17	18 37	18 48	1 08	11 01
15	1 15	24 39	24 48	0 50	20 41	20 55	0 16	18 59	19 10	1 09	11 09
17	1 29	24 55	24 58	0 46	21 08	21 21	0 15	19 20	19 31	1 09	11 17
19	1 40	24 59	24 57	0 41	21 33	21 45	0 13	19 41	19 51	1 09	11 24
21	1 48	24 52	24 45	0 36	21 56	22 07	0 12	20 01	20 10	1 09	11 31
23	1 54	24 35	24 24	0 32	22 16	22 26	0 11	20 20	20 29	1 10	11 38
25	1 56	24 10	23 54	0 27	22 34	22 42	0 09	20 38	20 47	1 10	11 45
27	1 56	23 36	23 16	0 22	22 49	22 56	0 08	20 55	21 04	1 10	11 52
29	1 52	22 55	22 N 33	0 17	23 02	23 N07	0 06	21 12	21 N 20	1 11	11 58
31	1 N47	22 N09		0 S 12	23 N12		0 S 05	21 N27		1 S 11	12 N05

FIRST QUARTER–June 9,02h.11m. (17°♍56′)

EPHEMERIS]				JUNE 2011				13
D M	☿ Long.	♀ Long.	♂ Long.	♃ Long.	♄ Long.	♅ Long.	♆ Long.	♇ Long.
	° ′	° ′	° ′	° ′	° ′	° ′	° ′	° ′
1	27♉21	20♉08	15♉47	29♈22	10♎33	3♈59	0♓56	6♑51
2	29♉20	21 21	16 31	29 34	10R 32	4 00	0 56	6R 50
3	1♊21	22 34	17 15	29 47	10 31	4 02	0R 56	6 49
4	3 23	23 48	17 59	29♈59	10 30	4 04	0 56	6 47
5	5 28	25 01	18 42	0♉11	10 30	4 05	0 56	6 46
6	7 34	26 14	19 26	0 24	10 29	4 07	0 55	6 44
7	9 42	27 27	20 10	0 36	10 28	4 09	0 55	6 43
8	11 51	28 40	20 54	0 48	10 28	4 10	0 55	6 42
9	14 01	29♉53	21 37	1 00	10 27	4 11	0 55	6 40
10	16 12	1♊06	22 21	1 12	10 27	4 13	0 55	6 39
11	18 23	2 19	23 04	1 23	10 27	4 14	0 55	6 37
12	20 35	3 32	23 48	1 35	10 27	4 16	0 54	6 36
13	22 47	4 45	24 31	1 47	10D 27	4 17	0 54	6 34
14	24 59	5 58	25 15	1 58	10 27	4 18	0 54	6 33
15	27 11	7 11	25 58	2 10	10 27	4 19	0 53	6 31
16	29♊21	8 24	26 41	2 21	10 27	4 20	0 53	6 30
17	1♋31	9 38	27 24	2 33	10 28	4 22	0 52	6 28
18	3 39	10 51	28 07	2 44	10 28	4 23	0 52	6 27
19	5 47	12 04	28 50	2 55	10 29	4 24	0 51	6 25
20	7 52	13 17	29♉33	3 06	10 29	4 25	0 51	6 24
21	9 56	14 30	0♊16	3 17	10 30	4 26	0 50	6 22
22	11 58	15 44	0 59	3 28	10 31	4 26	0 50	6 21
23	13 58	16 57	1 42	3 38	10 32	4 27	0 49	6 19
24	15 57	18 10	2 25	3 49	10 33	4 28	0 48	6 18
25	17 53	19 23	3 08	4 00	10 34	4 29	0 48	6 16
26	19 47	20 37	3 50	4 10	10 36	4 29	0 47	6 15
27	21 39	21 50	4 33	4 20	10 37	4 30	0 46	6 13
28	23 29	23 03	5 15	4 31	10 38	4 31	0 46	6 12
29	25 16	24 17	5 58	4 41	10 40	4 31	0 45	6 10
30	27♋02	25♊30	6♊40	4♉51	10♎42	4♈32	0♓44	6♑09

D	Lunar Aspects ☉	☿	♀	♂	♃	♄	♅	♆	♇
1	●					△	✱	□	
2			⚺	⚺	∠				
3		⚺	∠	∠	✱		□	△	☍
4	⚺	∠		✱		□		⚼	
5	∠		✱		□		△		
6	✱	✱				✱			
7			□	□	△	∠	⚼	☍	⚼
8		□			⚼	⚺			△
9	□		△	△					
10				⚼		☌	☍		□
11	△	△	⚼					⚼	
12	⚼	⚼			☍	⚺		△	✱
13				☍		∠	⚼		∠
14			☍			✱	△	□	⚺
15	☍				⚼				
16		☍			△		□	✱	☌
17				⚼		□		∠	
18			⚼	△	□		✱	⚺	⚺
19	⚼		△			△			
20	△	⚼		□		⚼	∠	☌	∠
21		△			✱		⚺		✱
22			□		∠				
23	□			✱	⚺		☌	⚺	□
24		□	✱	∠		☍		∠	
25								✱	
26	✱		∠	⚺	☌		⚺		△
27	∠	✱	⚺			⚼	∠		⚼
28	⚺			☌	⚺		✱	□	
29		∠			∠	△			
30		⚺	●					△	

D M	Saturn Lat.	Saturn Dec.	Uranus Lat.	Uranus Dec.	Neptune Lat.	Neptune Dec.	Pluto Lat.	Pluto Dec.
	° ′	° ′	° ′	° ′	° ′	° ′	° ′	° ′
1	2N36	1S46	0S43	0N56	0S31	11S38	4N31	18S45
3	2 36	1 46	0 44	0 57	0 31	11 38	4 31	18 45
5	2 35	1 46	0 44	0 58	0 32	11 38	4 31	18 45
7	2 35	1 46	0 44	0 59	0 32	11 38	4 31	18 46
9	2 35	1 46	0 44	1 00	0 32	11 39	4 31	18 46
11	2 34	1 46	0 44	1 01	0 32	11 39	4 31	18 46
13	2 34	1 47	0 44	1 02	0 32	11 39	4 31	18 46
15	2 33	1 47	0 44	1 03	0 32	11 39	4 30	18 47
17	2 33	1 48	0 44	1 04	0 32	11 40	4 30	18 47
19	2 32	1 49	0 44	1 05	0 32	11 40	4 30	18 47
21	2 32	1 50	0 44	1 05	0 32	11 41	4 30	18 47
23	2 31	1 52	0 44	1 06	0 32	11 41	4 30	18 48
25	2 31	1 53	0 44	1 06	0 32	11 42	4 30	18 48
27	2 30	1 55	0 44	1 07	0 32	11 42	4 29	18 48
29	2 30	1 56	0 44	1 07	0 32	11 43	4 29	18 49
31	2N29	1S58	0S44	1N07	0S32	11S44	4N29	18S49

Mutual Aspects

1 ☉△♄. ☿#♇.
2 ☿⚺♃. ♀⚼♇. ♂±♄.
3 ☿□♆. ☿±♇. ♆Stat.
4 ☿✱♅.
5 ☿⊥♃. ♀⚼♄.
6 ☉∠♃. ☿⚻♇. ♂∠♅.
7 ☉Q♅. ☿△♄.
8 ♀#♇.
9 ♂⚼♇. ♃✱♆. ☉∥☿.
10 ☿∠♃. ☿Q♅. ♀⚺♃. ♀□♆. ♀±♇
12 ☉☌☿.
13 ♀✱♅. ♄Stat.
14 ☿⚺♂. ♀⚻♇. ♂⚼♄. ♂#♇.
16 ♀⊥♃. 17 ☿△♆.
18 ☿⊥♂. ☿✱♃. ☿□♅. ♀△♄.
19 ☿☍♇.
21 ☿□♄. ♂±♇.
22 ☉△♆. ♂□♆.
23 ☉⚺♂. ♀Q♅.
24 ☿Q♃. ☿⚼♆. ♃#♆.
25 ☉✱♃. ☿∠♂. ♀∠♃.
26 ☉□♅.
27 ☿⚺♀. ♂⚺♃. ♂✱♅.
28 ☉☍♇. ♃⚺♅. ☉∥☿.
29 ☿±♆. ♂⚻♇. ☿∥♀.
30 ☉∥♀.

NEW MOON–July 1,08h.54m. (9°♋12′) & July30,18h.40m. (7°♌16′)

D M	D W	Sidereal Time	☉ Long.	☉ Dec.	☽ Long.	☽ Lat.	☽ Dec.	☽ Node	24h. ☽ Long.	24h. ☽ Dec.
		h m s	° ′ ″	° ′	° ′ ″	° ′	° ′	° ′	° ′ ″	° ′
1	F	6 36 47	9 ♋ 19 47	23 N07	10 ♋ 56 01	1 S 35	21 N25	22 ♐ 42	17 ♋ 39 37	20 N08
2	S	6 40 43	10 17 01	23 02	24 27 19	2 43	18 33	22 38	1 ♌ 18 49	16 43
3	Su	6 44 40	11 14 15	22 58	8 ♌ 13 49	3 42	14 38	22 35	15 11 55	12 20
4	M	6 48 36	12 11 28	22 53	22 12 42	4 30	9 51	22 32	29 15 43	7 14
5	T	6 52 33	13 08 41	22 47	6 ♍ 20 31	5 01	4 N31	22 29	13 ♍ 26 39	1 N44
6	W	6 56 29	14 05 54	22 41	20 33 42	5 14	1 S 05	22 26	27 41 14	3 S 53
7	Th	7 00 26	15 03 06	22 35	4 ♎ 48 52	5 08	6 38	22 22	11 ♎ 56 16	9 17
8	F	7 04 22	16 00 18	22 29	19 03 05	4 43	11 50	22 19	26 09 03	14 12
9	S	7 08 19	16 57 30	22 22	3 ♏ 13 53	4 01	16 22	22 16	10 ♏ 17 21	18 18
10	Su	7 12 16	17 54 42	22 14	17 19 12	3 05	19 58	22 13	24 19 15	21 19
11	M	7 16 12	18 51 54	22 07	1 ♐ 17 16	1 58	22 21	22 10	8 ♐ 13 02	23 02
12	T	7 20 09	19 49 06	21 58	15 06 21	0 S 45	23 21	22 07	21 56 59	23 19
13	W	7 24 05	20 46 18	21 50	28 44 44	0 N30	22 56	22 03	5 ♑ 29 24	22 13
14	Th	7 28 02	21 43 30	21 41	12 ♑ 10 46	1 41	21 12	22 00	18 48 41	19 53
15	F	7 31 58	22 40 42	21 32	25 23 00	2 46	18 20	21 57	1 ♒ 53 35	16 34
16	S	7 35 55	23 37 55	21 22	8 ♒ 20 23	3 41	14 37	21 54	14 43 21	12 31
17	Su	7 39 51	24 35 08	21 12	21 02 33	4 24	10 18	21 51	27 18 04	8 01
18	M	7 43 48	25 32 21	21 02	3 ♓ 30 02	4 54	5 39	21 47	9 ♓ 38 40	3 S 16
19	T	7 47 45	26 29 35	20 51	15 44 16	5 09	0 S 53	21 44	21 47 08	1 N31
20	W	7 51 41	27 26 49	20 40	27 47 41	5 10	3 N52	21 41	3 ♈ 46 20	6 10
21	Th	7 55 38	28 24 05	20 29	9 ♈ 43 36	4 58	8 25	21 38	15 39 58	10 35
22	F	7 59 34	29 ♋ 21 21	20 17	21 36 02	4 33	12 38	21 35	27 32 21	14 35
23	S	8 03 31	0 ♌ 18 38	20 05	3 ♉ 29 33	3 56	16 23	21 32	9 ♉ 28 13	18 01
24	Su	8 07 27	1 15 55	19 53	15 29 00	3 09	19 29	21 28	21 32 30	20 45
25	M	8 11 24	2 13 14	19 40	27 39 19	2 13	21 47	21 25	3 ♊ 49 59	22 35
26	T	8 15 20	3 10 34	19 27	10 ♊ 05 04	1 N09	23 06	21 22	16 25 00	23 19
27	W	8 19 17	4 07 54	19 13	22 50 11	0 00	23 15	21 19	29 20 56	22 51
28	Th	8 23 14	5 05 15	19 00	5 ♋ 57 27	1 S 10	22 08	21 16	12 ♋ 39 50	21 05
29	F	8 27 10	6 02 38	18 46	19 28 02	2 19	19 44	21 13	26 21 53	18 05
30	S	8 31 07	7 00 01	18 31	3 ♌ 21 04	3 21	16 09	21 09	10 ♌ 25 07	13 58
31	Su	8 35 03	7 ♌ 57 24	18 N17	17 ♌ 33 27	4 S 12	11 N34	21 ♐ 06	24 ♌ 45 22	8 N59

D M	Mercury Lat.	Mercury Dec.		Venus Lat.	Venus Dec.		Mars Lat.	Mars Dec.		Jupiter Lat.	Jupiter Dec.
	° ′	° ′	° ′	° ′	° ′	° ′	° ′	° ′	° ′	° ′	° ′
1	1 N47	22 N09	21 N 44	0 S 12	23 N12	23 N16	0 S 05	21 N27	21 N 35	1 S 11	12 N05
3	1 38	21 17	20 50	0 07	23 19	23 21	0 03	21 42	21 50	1 11	12 11
5	1 28	20 22	19 53	0 S 02	23 23	23 25	0 02	21 56	22 03	1 12	12 17
7	1 15	19 23	18 53	0 N 03	23 25	23 25	0 S 01	22 10	22 16	1 12	12 22
9	1 00	18 22	17 51	0 07	23 24	23 22	0 N 01	22 22	22 28	1 12	12 28
11	0 43	17 19	16 48	0 12	23 20	23 17	0 02	22 34	22 39	1 13	12 33
13	0 25	16 16	15 44	0 17	23 14	23 09	0 04	22 44	22 49	1 13	12 39
15	0 N05	15 12	14 41	0 22	23 04	22 59	0 05	22 54	22 59	1 13	12 44
17	0 S 17	14 09	13 38	0 26	22 52	22 45	0 07	23 03	23 07	1 14	12 48
19	0 40	13 08	12 38	0 31	22 38	22 29	0 08	23 11	23 15	1 14	12 53
21	1 04	12 08	11 39	0 35	22 20	22 11	0 10	23 19	23 22	1 14	12 57
23	1 29	11 11	10 44	0 39	22 00	21 49	0 11	23 25	23 28	1 15	13 01
25	1 54	10 18	9 53	0 44	21 38	21 26	0 13	23 31	23 33	1 15	13 05
27	2 20	9 29	9 07	0 48	21 13	20 59	0 14	23 35	23 38	1 16	13 09
29	2 46	8 46	8 N 27	0 51	20 45	20 N30	0 16	23 39	23 N 41	1 16	13 13
31	3 S 11	8 N10		0 N 55	20 N15		0 N 17	23 N43		1 S 16	13 N16

FIRST QUARTER–July 8,06h.29m. (15°♎47′)

FULL MOON – July15,06h.40m. (22°♑28′)

EPHEMERIS] JULY 2011

D M	☿ Long.	♀ Long.	♂ Long.	♃ Long.	♄ Long.	♅ Long.	♆ Long.	♇ Long.
	° ′	° ′	° ′	° ′	° ′	° ′	° ′	° ′
1	28♋45	26♊43	7♊23	5♉00	10♎43	4♈32	0♓43	6♑07
2	0♌27	27 57	8 05	5 10	10 45	4 33	0R 42	6R 06
3	2 06	29♊10	8 47	5 20	10 47	4 33	0 41	6 04
4	3 43	0♋24	9 29	5 29	10 49	4 33	0 40	6 03
5	5 17	1 37	10 11	5 39	10 51	4 33	0 40	6 01
6	6 50	2 51	10 53	5 48	10 54	4 34	0 39	6 00
7	8 20	4 04	11 35	5 57	10 56	4 34	0 38	5 58
8	9 48	5 17	12 17	6 06	10 59	4 34	0 37	5 57
9	11 14	6 31	12 59	6 15	11 01	4 34	0 35	5 55
10	12 37	7 44	13 41	6 24	11 04	4R 34	0 34	5 54
11	13 58	8 58	14 22	6 32	11 06	4 34	0 33	5 52
12	15 17	10 12	15 04	6 41	11 09	4 34	0 32	5 51
13	16 33	11 25	15 46	6 49	11 12	4 34	0 31	5 49
14	17 47	12 39	16 27	6 58	11 15	4 33	0 30	5 48
15	18 59	13 52	17 09	7 06	11 18	4 33	0 29	5 46
16	20 07	15 06	17 50	7 14	11 21	4 33	0 27	5 45
17	21 14	16 20	18 31	7 21	11 25	4 33	0 26	5 43
18	22 17	17 33	19 13	7 29	11 28	4 32	0 25	5 42
19	23 17	18 47	19 54	7 37	11 31	4 32	0 24	5 41
20	24 15	20 01	20 35	7 44	11 35	4 31	0 22	5 39
21	25 09	21 14	21 16	7 51	11 38	4 31	0 21	5 38
22	26 01	22 28	21 57	7 58	11 42	4 30	0 20	5 36
23	26 49	23 42	22 38	8 05	11 46	4 30	0 18	5 35
24	27 33	24 56	23 19	8 12	11 50	4 29	0 17	5 34
25	28 14	26 09	24 00	8 19	11 54	4 28	0 16	5 32
26	28 51	27 23	24 41	8 25	11 58	4 27	0 14	5 31
27	29 24	28 37	25 21	8 31	12 02	4 27	0 13	5 30
28	29♌53	29♋51	26 02	8 38	12 06	4 26	0 11	5 28
29	0♍18	1♌05	26 43	8 44	12 10	4 25	0 10	5 27
30	0 39	2 19	27 23	8 49	12 14	4 24	0 08	5 26
31	0♍54	3♌33	28♊04	8♉55	12♎19	4♈23	0♓07	5♑25

D M	Lunar Aspects ☉	☿	♀	♂	♃	♄	♅	♆	♇
1	☌			⚺	⚹	□	□	⚼	☍
2		☌	⚺	∠					
3	⚺		∠	⚹	□	⚹	△		
4	∠					∠	⚼		⚼
5		⚺	⚹	□	△	⚺		☍	△
6	⚹	∠			⚼				
7		⚹	□			☌	☍		□
8	□			△				⚼	
9			△	⚼	☍			△	⚹
10	△	□	⚼			⚺	⚼		∠
11	⚼					∠	△	□	⚺
12		△		☍	⚼	⚹			
13		⚼					□	⚹	
14			☍		△	□		∠	☌
15	☍							⚺	
16				⚼	□	△	⚹		⚺
17		☍		△		⚼	∠		∠
18			⚼		⚹		⚺	☌	⚹
19	⚼		△	□					
20	△				∠			⚺	
21		⚼			⚺	☍	☌	∠	□
22		△	□	⚹					
23	□			∠	☌		⚺	⚹	△
24							∠		⚼
25	⚹	□	⚹	⚺		⚼		□	
26			∠		⚺	△	⚹		
27	∠		⚺	☌	∠				
28	⚺	⚹			⚹	□	□	△	☍
29		∠						⚼	
30	☌	⚺	☌	⚺	□		△		
31				∠		⚹	⚼		⚼

D M	Saturn Lat.	Saturn Dec.	Uranus Lat.	Uranus Dec.	Neptune Lat.	Neptune Dec.	Pluto Lat.	Pluto Dec.
	° ′	° ′	° ′	° ′	° ′	° ′	° ′	° ′
1	2N29	1S58	0S44	1N07	0S32	11S44	4N29	18S49
3	2 29	2 00	0 45	1 08	0 32	11 44	4 29	18 50
5	2 28	2 02	0 45	1 08	0 32	11 45	4 28	18 50
7	2 28	2 05	0 45	1 08	0 32	11 46	4 28	18 50
9	2 27	2 07	0 45	1 08	0 32	11 47	4 28	18 51
11	2 27	2 10	0 45	1 08	0 32	11 47	4 28	18 51
13	2 26	2 12	0 45	1 07	0 33	11 48	4 27	18 51
15	2 26	2 15	0 45	1 07	0 33	11 49	4 27	18 52
17	2 25	2 18	0 45	1 07	0 33	11 50	4 27	18 52
19	2 25	2 21	0 45	1 06	0 33	11 51	4 26	18 53
21	2 24	2 25	0 45	1 06	0 33	11 52	4 26	18 53
23	2 24	2 28	0 45	1 05	0 33	11 53	4 26	18 54
25	2 24	2 31	0 45	1 05	0 33	11 54	4 26	18 54
27	2 23	2 35	0 45	1 04	0 33	11 55	4 25	18 55
29	2 23	2 39	0 45	1 03	0 33	11 56	4 25	18 55
31	2N22	2S43	0S45	1N02	0S33	11S57	4N24	18S55

Mutual Aspects

1 ☿ Q ♄.
2 ☿ ▽ ♆. ☿ ∥ ♂.
3 ☉ □ ♄. 4 ♀ △ ♆.
5 ☿ □ ♃. ☿ △ ♅. ☿ ▽ ♇.
6 ♂ △ ♄.
7 ♀ □ ♅. ♃ △ ♇.
8 ☉ ⚼ ♆. ♂ ⊥ ♃. ☿ # ♇.
9 ☿ ⚹ ♄. ☿ ± ♇. ♀ ⚹ ♃. ♀ ☍ ♇. ☉ ∥ ♂.
10 ♅ Stat. 11 ☉ Q ♃.
12 ☿ ⚹ ♂.
13 ♀ □ ♄.
14 ♂ Q ♅.
15 ☿ ⚼ ♅.
16 ♀ ⚼ ♆. ♀ ∥ ♂.
17 ☉ ⊥ ♂. ☉ ± ♆. ☿ ⚼ ♇.
19 ☿ ∥ ♃. 20 ♀ Q ♃.
21 ♀ ⚺ ♂.
22 ☉ Q ♄. ☿ # ♆.
23 ☉ ▽ ♆. ☿ ∠ ♄. ♀ ± ♆.
24 ♂ ∠ ♃. 25 ☿ ± ♅.
27 ☉ △ ♅.
28 ☉ ▽ ♇. ☿ ⚺ ♀. ♀ Q ♄. ♀ ▽ ♆. ☉ # ♇.
29 ☿ ☍ ♆.

LAST QUARTER – July23,05h.02m. (0° ♉ 02′)

NEW MOON–Aug.29,03h.04m. (5°♍27′)

D M	D W	Sidereal Time	☉ Long.	☉ Dec.	☽ Long.	☽ Lat.	☽ Dec.	☽ Node	24h. ☽ Long.	24h. ☽ Dec.
		h m s	° ′ ″	° ′	° ′ ″	° ′	° ′	° ′	° ′ ″	° ′
1	M	8 39 00	8 ♌ 54 49	18 N02	2 ♍ 00 07	4 S 48	6 N16	21 ♐ 03	9 ♍ 16 50	3 N28
2	T	8 42 56	9 52 14	17 46	16 34 39	5 06	0 N36	21 00	23 52 44	2 S 16
3	W	8 46 53	10 49 40	17 31	1 ♎ 10 17	5 04	5 S 07	20 57	8 ♎ 26 33	7 52
4	Th	8 50 49	11 47 07	17 15	15 40 53	4 42	10 30	20 53	22 52 47	12 59
5	F	8 54 46	12 44 34	16 59	0 ♏ 01 49	4 03	15 16	20 50	7 ♏ 07 42	17 19
6	S	8 58 43	13 42 02	16 43	14 10 12	3 10	19 06	20 47	21 09 14	20 36
7	Su	9 02 39	14 39 30	16 26	28 04 46	2 06	21 46	20 44	4 ♐ 56 49	22 37
8	M	9 06 36	15 37 00	16 09	11 ♐ 45 28	0 S 56	23 07	20 41	18 30 47	23 16
9	T	9 10 32	16 34 30	15 52	25 12 54	0 N16	23 05	20 38	1 ♑ 51 54	22 34
10	W	9 14 29	17 32 01	15 35	8 ♑ 27 53	1 26	21 44	20 34	15 00 54	20 37
11	Th	9 18 25	18 29 33	15 17	21 31 01	2 30	19 15	20 31	27 58 16	17 38
12	F	9 22 22	19 27 06	14 59	4 ♒ 22 41	3 26	15 50	20 28	10 ♒ 44 16	13 52
13	S	9 26 18	20 24 40	14 41	17 03 02	4 10	11 45	20 25	23 18 59	9 32
14	Su	9 30 15	21 22 15	14 23	29 32 09	4 41	7 14	20 22	5 ♓ 42 35	4 53
15	M	9 34 12	22 19 51	14 04	11 ♓ 50 22	4 59	2 S 31	20 19	17 55 38	0 S 07
16	T	9 38 08	23 17 29	13 45	23 58 32	5 03	2 N15	20 15	29 59 17	4 N35
17	W	9 42 05	24 15 08	13 26	5 ♈ 58 10	4 53	6 52	20 12	11 ♈ 55 29	9 04
18	Th	9 46 01	25 12 48	13 07	17 51 38	4 31	11 11	20 09	23 47 01	13 11
19	F	9 49 58	26 10 30	12 48	29 42 08	3 57	15 04	20 06	5 ♉ 37 30	16 48
20	S	9 53 54	27 08 14	12 28	11 ♉ 33 40	3 13	18 22	20 03	17 31 16	19 44
21	Su	9 57 51	28 05 59	12 08	23 30 54	2 20	20 55	19 59	29 33 15	21 52
22	M	10 01 47	29 ♌ 03 46	11 48	5 ♊ 38 57	1 20	22 34	19 56	11 ♊ 48 40	23 00
23	T	10 05 44	0 ♍ 01 35	11 28	18 03 02	0 N15	23 09	19 53	24 22 39	23 00
24	W	10 09 41	0 59 25	11 07	0 ♋ 48 06	0 S 53	22 34	19 50	7 ♋ 19 50	21 48
25	Th	10 13 37	1 57 17	10 47	13 58 13	1 59	20 44	19 47	20 43 32	19 21
26	F	10 17 34	2 55 11	10 26	27 35 53	3 02	17 40	19 44	4 ♌ 35 10	15 43
27	S	10 21 30	3 53 07	10 05	11 ♌ 41 09	3 55	13 31	19 40	18 53 22	11 05
28	Su	10 25 27	4 51 04	9 44	26 11 10	4 35	8 28	19 37	3 ♍ 33 41	5 N43
29	M	10 29 23	5 49 03	9 23	10 ♍ 59 56	4 57	2 N51	19 34	18 28 47	0 S 04
30	T	10 33 20	6 47 03	9 01	25 59 00	5 00	2 S 59	19 31	3 ♎ 29 23	5 52
31	W	10 37 16	7 ♍ 45 04	8 N40	10 ♎ 58 44	4 S 41	8 S 39	19 ♐ 28	18 ♎ 25 58	11 S 18

D M	Mercury Lat.	Mercury Dec.		Venus Lat.	Venus Dec.		Mars Lat.	Mars Dec.		Jupiter Lat.	Jupiter Dec.
	° ′	° ′	° ′	° ′	° ′	° ′	° ′	° ′	° ′	° ′	° ′
1	3 S 24	7 N55	7 N 41	0 N 57	19 N59	19 N43	0 N 18	23 N44	23 N 45	1 S 17	13 N17
3	3 47	7 30	7 21	1 00	19 26	19 08	0 19	23 46	23 46	1 17	13 20
5	4 09	7 15	7 11	1 04	18 50	18 32	0 21	23 47	23 47	1 17	13 23
7	4 27	7 10	7 12	1 07	18 13	17 53	0 23	23 47	23 47	1 18	13 26
9	4 40	7 17	7 24	1 09	17 33	17 12	0 24	23 47	23 46	1 18	13 28
11	4 49	7 34	7 47	1 12	16 51	16 29	0 26	23 45	23 44	1 19	13 30
13	4 50	8 03	8 20	1 14	16 07	15 45	0 27	23 43	23 42	1 19	13 32
15	4 45	8 40	9 02	1 17	15 22	14 58	0 29	23 40	23 39	1 20	13 33
17	4 32	9 25	9 50	1 18	14 35	14 11	0 30	23 37	23 35	1 20	13 34
19	4 12	10 15	10 40	1 20	13 46	13 21	0 32	23 32	23 30	1 20	13 35
21	3 45	11 06	11 31	1 22	12 56	12 30	0 33	23 27	23 25	1 21	13 36
23	3 14	11 55	12 18	1 23	12 04	11 38	0 35	23 22	23 18	1 21	13 37
25	2 39	12 39	12 59	1 24	11 11	10 44	0 37	23 15	23 12	1 22	13 37
27	2 03	13 16	13 31	1 24	10 17	9 49	0 38	23 08	23 04	1 22	13 37
29	1 26	13 43	13 N 52	1 25	9 22	8 N54	0 40	23 00	22 N 56	1 23	13 37
31	0 S 51	13 N59		1 N 25	8 N25		0 N 41	22 N52		1 S 23	13 N37

FIRST QUARTER–Aug. 6,11h.08m. (13°♏40′)

FULL MOON–Aug.13,18h.57m. (20°♒41′)

D M	☿ Long.	♀ Long.	♂ Long.	♃ Long.	♄ Long.	♅ Long.	♆ Long.	♇ Long.	Lunar Aspects ☉	☿	♀	♂	♃	♄	♅	♆	♇
	° ′	° ′	° ′	° ′	° ′	° ′	° ′	° ′									
1	1♍05	4♌46	28♊44	9♉01	12♎23	4♈22	0♓06	5♑23		☌	⚺	✱	△	∠		☍	△
2	1 11	6 00	29♊24	9 06	12 28	4R 21	0R 04	5R 22	⚺		∠			⚺			
3	1R 12	7 14	0♋04	9 11	12 32	4 20	0 02	5 21	∠	⚺	✱	□	⚼		☍		□
4	1 07	8 28	0 45	9 16	12 37	4 19	0♓01	5 20	✱	∠				☌		⚼	
5	0 58	9 42	1 25	9 21	12 42	4 17	29♒59	5 19		✱		△				△	✱
6	0 43	10 56	2 05	9 26	12 47	4 16	29 58	5 18	□		□	⚼	☍	⚺	⚼		∠
7	0♍23	12 10	2 45	9 30	12 52	4 15	29 56	5 17		□				∠	△	□	
8	29♌57	13 24	3 25	9 34	12 57	4 14	29 55	5 16	△		△			✱			⚺
9	29 27	14 39	4 04	9 38	13 02	4 12	29 53	5 14		△	⚼		⚼			✱	
10	28 52	15 53	4 44	9 42	13 07	4 11	29 52	5 13	⚼	⚼		☍	△	□	□	∠	☌
11	28 13	17 07	5 24	9 46	13 12	4 09	29 50	5 12									
12	27 31	18 21	6 03	9 50	13 17	4 08	29 48	5 11					□		✱	⚺	⚺
13	26 45	19 35	6 43	9 53	13 22	4 06	29 47	5 10	☍		☍	⚼		△	∠		∠
14	25 57	20 49	7 23	9 56	13 28	4 05	29 45	5 10		☍				⚼	⚺	☌	✱
15	25 07	22 03	8 02	9 59	13 33	4 03	29 44	5 09				△	✱				
16	24 16	23 17	8 41	10 02	13 39	4 02	29 42	5 08					∠			⚺	
17	23 26	24 32	9 21	10 05	13 44	4 00	29 40	5 07	⚼	⚼	⚼	□	⚺		☌		□
18	22 37	25 46	10 00	10 07	13 50	3 58	29 39	5 06		△				☍		∠	
19	21 51	27 00	10 39	10 09	13 56	3 57	29 37	5 05	△		△				⚺	✱	△
20	21 07	28 14	11 18	10 12	14 01	3 55	29 35	5 04				✱	☌				
21	20 28	29♌29	11 57	10 13	14 07	3 53	29 34	5 04	□	□		∠		⚼	∠	□	⚼
22	19 54	0♍43	12 36	10 15	14 13	3 51	29 32	5 03			□		⚺		✱		
23	19 26	1 57	13 15	10 17	14 19	3 49	29 30	5 02		✱		⚺		△			
24	19 04	3 11	13 54	10 18	14 25	3 47	29 29	5 01	✱	∠	✱		∠		□	△	☍
25	18 50	4 26	14 32	10 19	14 31	3 46	29 27	5 01	∠	⚺	∠	☌	✱	□		⚼	
26	18 42	5 40	15 11	10 20	14 37	3 44	29 26	5 00	⚺						△		
27	18D 43	6 54	15 50	10 20	14 43	3 42	29 24	4 59		☌	⚺	⚺	□	✱	⚼		
28	18 52	8 09	16 28	10 21	14 49	3 40	29 22	4 59				∠		∠		☍	⚼
29	19 09	9 23	17 07	10 21	14 55	3 38	29 21	4 58	☌		☌	✱	△	⚺			△
30	19 34	10 38	17 45	10R 21	15 01	3 36	29 19	4 58		⚺			⚼				
31	20♌07	11♍52	18♋23	10♉21	15♎08	3♈33	29♒17	4♑57	⚺	∠	⚺			☌	☍	⚼	□

D M	Saturn Lat.	Saturn Dec.	Uranus Lat.	Uranus Dec.	Neptune Lat.	Neptune Dec.	Pluto Lat.	Pluto Dec.
	° ′	° ′	° ′	° ′	° ′	° ′	° ′	° ′
1	2N22	2S45	0S45	1N02	0S33	11S58	4N24	18S56
3	2 22	2 48	0 46	1 01	0 33	11 59	4 24	18 56
5	2 21	2 53	0 46	1 00	0 33	12 00	4 24	18 57
7	2 21	2 57	0 46	0 59	0 33	12 01	4 23	18 57
9	2 21	3 01	0 46	0 58	0 33	12 02	4 23	18 58
11	2 20	3 05	0 46	0 57	0 33	12 03	4 22	18 58
13	2 20	3 10	0 46	0 55	0 33	12 04	4 22	18 58
15	2 20	3 14	0 46	0 54	0 33	12 06	4 22	18 59
17	2 19	3 19	0 46	0 53	0 33	12 07	4 21	18 59
19	2 19	3 24	0 46	0 51	0 33	12 08	4 21	19 00
21	2 19	3 28	0 46	0 50	0 33	12 09	4 20	19 00
23	2 18	3 33	0 46	0 48	0 33	12 10	4 20	19 01
25	2 18	3 38	0 46	0 47	0 33	12 11	4 19	19 01
27	2 18	3 43	0 46	0 45	0 33	12 13	4 19	19 02
29	2 18	3 48	0 46	0 43	0 33	12 14	4 18	19 02
31	2N17	3S53	0S46	0N42	0S33	12S15	4N18	19S03

Mutual Aspects

1 ☉□♃. ♀⊥♂. ♀△♅. ♀∇♇.
3 ♂△♆. ☿Stat.
4 ☉±♇. ☿✱♂.
5 ☉✱♄. ♀□♃. ♀#♇.
6 ♀±♇.
8 ☿☍♆. ♀✱♄.
9 ♂□♅.
11 ☿∠♄. ☿±♅. ♂☍♇.
12 ☉⚼♅.
13 ☉⚼♇. ♀⚼♅. ♀⚼♇.
16 ☉☌♀. ☿☌♀. ☿∠♂. ♃⊥♅.
17 ☉☌☿. ☉∠♂. ♀∠♂. ☉∥♃.
18 ♂✱♃.
19 ♀∥♃.
20 ♀±♅.
21 ☉±♅. ♀∠♄. ♀☍♆. ☉#♆.
22 ☉∠♄. ☉☍♆. ☿⚼♇. ☉∥☿.
23 ☿⊥♂. ☿∥♀. ♀#♆.
24 ♀∇♅. ☿#♆.
25 ♀△♇. ♂□♄. ♂⚼♆. ♄⚼♆.
26 ☿⚼♅. ☿Stat.
27 ☉∇♅. ☿⚼♅.
28 ☉△♇. ☿∥♃.
29 ♀⊥♄. ☉∥♀.
30 ♀△♃. ♃Stat.
31 ☿⚼♇.

LAST QUARTER–Aug.21,21h.54m. (28°♉30′)

NEW MOON–Sep.27,11h.09m. (4°♎00′)

D M	D W	Sidereal Time	☉ Long.	☉ Dec.	☽ Long.	☽ Lat.	☽ Dec.	☽ Node	24h. ☽ Long.	24h. ☽ Dec.
		h m s	° ′ ″	° ′	° ′ ″	° ′	° ′	° ′	° ′ ″	° ′
1	Th	10 41 13	8♍43 07	8 N18	25♎50 06	4 S 04	13 S 46	19♐25	3♏10 21	16 S 01
2	F	10 45 10	9 41 12	7 56	10♏26 04	3 12	17 59	19 21	17 36 50	19 40
3	S	10 49 06	10 39 18	7 34	24 42 22	2 08	21 01	19 18	1♐42 33	22 02
4	Su	10 53 03	11 37 25	7 12	8♐37 26	0 S 58	22 42	19 15	15 27 07	23 01
5	M	10 56 59	12 35 34	6 50	22 11 51	0 N13	22 59	19 12	28 51 54	22 38
6	T	11 00 56	13 33 45	6 28	5♑27 33	1 22	21 57	19 09	11♑59 10	21 00
7	W	11 04 52	14 31 56	6 05	18 27 02	2 26	19 46	19 05	24 51 29	18 18
8	Th	11 08 49	15 30 09	5 43	1♒12 46	3 20	16 38	19 02	7♒31 11	14 47
9	F	11 12 45	16 28 24	5 20	13 46 56	4 04	12 47	18 59	20 00 11	10 40
10	S	11 16 42	17 26 40	4 58	26 11 08	4 36	8 27	18 56	2♓19 54	6 10
11	Su	11 20 39	18 24 58	4 35	8♓26 36	4 55	3 S 51	18 53	14 31 20	1 S 30
12	M	11 24 35	19 23 18	4 12	20 34 14	4 59	0 N51	18 50	26 35 24	3 N11
13	T	11 28 32	20 21 40	3 49	2♈34 59	4 51	5 28	18 46	8♈33 06	7 42
14	W	11 32 28	21 20 03	3 26	14 29 59	4 30	9 51	18 43	20 25 49	11 54
15	Th	11 36 25	22 18 28	3 03	26 20 55	3 57	13 51	18 40	2♉15 34	15 38
16	F	11 40 21	23 16 56	2 40	8♉10 09	3 14	17 17	18 37	14 05 04	18 45
17	S	11 44 18	24 15 26	2 17	20 00 49	2 22	20 01	18 34	25 57 53	21 05
18	Su	11 48 14	25 13 57	1 54	1♊56 49	1 24	21 55	18 31	7♊58 15	22 30
19	M	11 52 11	26 12 31	1 30	14 02 46	0 N21	22 50	18 27	20 11 03	22 53
20	T	11 56 08	27 11 07	1 07	26 23 45	0 S 45	22 39	18 24	2♋41 29	22 07
21	W	12 00 04	28 09 46	0 44	9♋04 55	1 50	21 18	18 21	15 34 36	20 12
22	Th	12 04 01	29♍08 26	0 N21	22 11 03	2 51	18 48	18 18	28 54 41	17 08
23	F	12 07 57	0♎07 09	0 S 03	5♌45 47	3 45	15 12	18 15	12♌44 26	13 01
24	S	12 11 54	1 05 54	0 26	19 50 35	4 27	10 38	18 11	27 03 57	8 04
25	Su	12 15 50	2 04 41	0 50	4♍24 00	4 54	5 N20	18 08	11♍50 00	2 N30
26	M	12 19 47	3 03 31	1 13	19 20 57	5 01	0 S 24	18 05	26 55 42	3 S 20
27	T	12 23 43	4 02 22	1 36	4♎32 56	4 48	6 13	18 02	12♎11 14	9 01
28	W	12 27 40	5 01 15	2 00	19 49 12	4 14	11 40	17 59	27 25 25	14 08
29	Th	12 31 37	6 00 10	2 23	4♏58 39	3 23	16 22	17 56	12♏27 47	18 18
30	F	12 35 33	6♎59 08	2 S 46	19♏51 52	2 S 18	19 S 55	17♐52	27♏10 14	21 S 11

D M	Mercury Lat.	Mercury Dec.		Venus Lat.	Venus Dec.		Mars Lat.	Mars Dec.		Jupiter Lat.	Jupiter Dec.
	° ′	° ′	° ′	° ′	° ′	° ′	° ′	° ′	° ′	° ′	° ′
1	0 S 34	14 N02	14 N 02	1 N 25	7 N57	7 N28	0 N 42	22 N47	22 N 42	1 S 23	13 N36
3	0 S 02	13 58	13 51	1 25	6 59	6 30	0 44	22 38	22 33	1 24	13 36
5	0 N26	13 41	13 27	1 24	6 01	5 31	0 46	22 28	22 22	1 24	13 35
7	0 51	13 10	12 50	1 24	5 02	4 32	0 47	22 17	22 11	1 24	13 33
9	1 11	12 26	12 00	1 23	4 02	3 32	0 49	22 06	22 00	1 25	13 32
11	1 26	11 30	10 59	1 21	3 02	2 31	0 51	21 54	21 48	1 25	13 30
13	1 38	10 24	9 48	1 20	2 01	1 31	0 52	21 42	21 35	1 26	13 28
15	1 45	9 10	8 30	1 18	1 N00	0 N30	0 54	21 29	21 22	1 26	13 26
17	1 49	7 48	7 06	1 16	0 S 01	0 S 32	0 56	21 15	21 09	1 26	13 23
19	1 50	6 22	5 37	1 14	1 02	1 33	0 57	21 02	20 54	1 27	13 21
21	1 47	4 51	4 05	1 11	2 03	2 34	0 59	20 47	20 40	1 27	13 18
23	1 43	3 19	2 32	1 09	3 04	3 35	1 01	20 32	20 25	1 27	13 15
25	1 36	1 45	0 N 58	1 06	4 05	4 36	1 02	20 17	20 09	1 27	13 11
27	1 28	0 N10	0 S 37	1 03	5 06	5 36	1 04	20 02	19 54	1 28	13 08
29	1 18	1 S 24	2 S 11	0 59	6 06	6 S 36	1 06	19 46	19 N 37	1 28	13 04
31	1 N07	2 S 57		0 N 56	7 S 06		1 N 08	19 N29		1 S 28	13 N00

FIRST QUARTER–Sep. 4,17h.39m. (11°♐51′)

FULL MOON – Sep.12,09h.27m. (19° ♓ 17′)

D	☿	♀	♂	♃	♄	♅	♆	♇	Lunar Aspects								
M	Long.	Long.	Long.	Long.	Long.	Long.	Long.	Long.	☉	☿	♀	♂	♃	♄	♅	♆	♇
	° ′	° ′	° ′	° ′	° ′	° ′	° ′	° ′									
1	20♌48	13♍06	19♋01	10♉21	15♎14	3♈31	29♒16	4♑57	∠	✱	∠	□				△	
2	21 37	14 21	19 40	10R 20	15 21	3R 29	29R 14	4R 56	✱		✱		☍	⚺			✱
3	22 33	15 35	20 18	10 20	15 27	3 27	29 13	4 56		□		△		∠	⚼	□	∠
4	23 36	16 50	20 56	10 19	15 33	3 25	29 11	4 56	□			⚼			△		⚺
5	24 46	18 04	21 33	10 18	15 40	3 23	29 09	4 55		△	□		⚼	✱			
6	26 02	19 19	22 11	10 16	15 47	3 21	29 08	4 55		⚼			△		□	✱	☌
7	27 24	20 33	22 49	10 15	15 53	3 18	29 06	4 55	△		△	☍		□		∠	
8	28♌52	21 48	23 27	10 13	16 00	3 16	29 05	4 54	⚼		⚼				✱	⚺	⚺
9	0♍23	23 02	24 04	10 11	16 06	3 14	29 03	4 54					□	△	∠		∠
10	2 00	24 16	24 42	10 09	16 13	3 11	29 02	4 54						⚼		☌	
11	3 39	25 31	25 19	10 07	16 20	3 09	29 00	4 54		☍		⚼	✱		⚺		✱
12	5 22	26 45	25 56	10 04	16 27	3 07	28 59	4 54	☍			△	∠				
13	7 07	28 00	26 34	10 01	16 33	3 05	28 57	4 53			☍				☌	⚺	□
14	8 55	29♍14	27 11	9 59	16 40	3 02	28 56	4 53					⚺	☍		∠	
15	10 44	0♎29	27 48	9 55	16 47	3 00	28 54	4 53		⚼		□				✱	
16	12 34	1 44	28 25	9 52	16 54	2 57	28 53	4 53	⚼	△			☌		⚺		△
17	14 25	2 58	29 02	9 49	17 01	2 55	28 51	4D 53	△		⚼				∠		⚼
18	16 17	4 13	29♋39	9 45	17 08	2 53	28 50	4 53			△	✱		⚼	✱	□	
19	18 09	5 27	0♌16	9 41	17 15	2 50	28 48	4 53		□		∠	⚺	△			
20	20 02	6 42	0 52	9 37	17 22	2 48	28 47	4 54	□			⚺	∠			△	
21	21 54	7 56	1 29	9 33	17 29	2 46	28 45	4 54			□		✱		□	⚼	☍
22	23 46	9 11	2 05	9 29	17 36	2 43	28 44	4 54		✱				□			
23	25 37	10 25	2 42	9 24	17 43	2 41	28 43	4 54	✱	∠	✱	☌	□		△		
24	27 28	11 40	3 18	9 19	17 50	2 38	28 41	4 54	∠					✱	⚼		⚼
25	29♍18	12 55	3 54	9 14	17 57	2 36	28 40	4 54	⚺	⚺	∠	⚺	△	∠		☍	△
26	1♎08	14 09	4 30	9 09	18 05	2 34	28 39	4 55			⚺	∠	⚼	⚺			
27	2 57	15 24	5 06	9 04	18 12	2 31	28 38	4 55	☌	☌		✱			☍		□
28	4 45	16 38	5 42	8 59	18 19	2 29	28 36	4 55			☌			☌		⚼	
29	6 32	17 53	6 18	8 53	18 26	2 26	28 35	4 56	⚺	⚺		□	☍			△	✱
30	8♎18	19♎08	6♌54	8♉47	18♎33	2♈24	28♒34	4♑56	∠	∠	⚺			⚺	⚼		∠

D	Saturn		Uranus		Neptune		Pluto	
M	Lat.	Dec.	Lat.	Dec.	Lat.	Dec.	Lat.	Dec.
	° ′	° ′	° ′	° ′	° ′	° ′	° ′	° ′
1	2N17	3S56	0S46	0N41	0S33	12S16	4N18	19S03
3	2 17	4 01	0 46	0 39	0 33	12 17	4 17	19 04
5	2 17	4 06	0 46	0 37	0 33	12 18	4 17	19 04
7	2 17	4 11	0 46	0 36	0 33	12 19	4 16	19 05
9	2 16	4 17	0 46	0 34	0 33	12 20	4 16	19 05
11	2 16	4 22	0 46	0 32	0 33	12 21	4 16	19 05
13	2 16	4 27	0 46	0 30	0 33	12 22	4 15	19 06
15	2 16	4 33	0 46	0 28	0 33	12 23	4 15	19 06
17	2 16	4 38	0 46	0 26	0 33	12 24	4 14	19 07
19	2 16	4 44	0 46	0 24	0 33	12 25	4 14	19 07
21	2 16	4 49	0 46	0 22	0 33	12 26	4 13	19 08
23	2 15	4 55	0 46	0 21	0 33	12 27	4 13	19 08
25	2 15	5 00	0 46	0 19	0 33	12 28	4 12	19 09
27	2 15	5 06	0 46	0 17	0 33	12 29	4 12	19 09
29	2 15	5 11	0 46	0 15	0 33	12 30	4 11	19 10
31	2N15	5S17	0S46	0N13	0S33	12S30	4N11	19S10

Mutual Aspects

2 ☉⊥♄.
3 ☉△♃. ♀⚺♄.
5 ☿∥♃. 6 ♂Q♃.
7 ☿±♅. ♂±♆.
8 ☿☍♆.
9 ☉⚺♄. ☿⊥♂. ☿∠♄. ☿#♆. ♀#♄
11 ☿▽♅. ♀✱♂. ♀⚼♃.
12 ☿△♇. ☉#♄.
14 ♀▽♆.
15 ☿△♃. ☿⊥♄.
16 ♀∥♅. ♇Stat.
17 ☿∠♂. ♀☍♅. ♂▽♆.
18 ☉⚼♃. ☿⚺♄. ♀±♃. ♀±♆. ♀#♅
19 ♀□♇. 20 ☉#♀.
21 ☿#♄.
22 ☉▽♆. ☿⚼♃. ♀▽♃. ☉∥♅.
23 ♂△♅. ☿#♀.
24 ☉#♅. 25 ☿▽♆.
26 ☉±♃. ☉☍♅. ♀⚼♆. ☉#☿.
27 ☿±♃. ☿☍♅. ♂▽♇. ☿∥♅. ♀∥♄
28 ☉☌☿. ☉±♆. ☉□♇. ☿±♆. ☿□♇.
☿#♅.
29 ☿✱♂. ♀☌♄. ♂Q♄.
30 ☉✱♂. ☿▽♃. ♀Q♂.

LAST QUARTER – Sep.20,13h.39m. (27° ♊ 15′)

NEW MOON – Oct.26,19h.56m. (3° ♏ 03′)

D M	D W	Sidereal Time	☉ Long.	☉ Dec.	☽ Long.	☽ Lat.	☽ Dec.	☽ Node	24h. ☽ Long.	24h. ☽ Dec.
		h m s	° ′ ″	° ′	° ′ ″	° ′	° ′	° ′	° ′ ″	° ′
1	S	12 39 30	7 ♎ 58 07	3 S 10	4 ♐ 22 24	1 S 06	22 S 05	17 ♐ 49	11 ♐ 28 03	22 S 37
2	Su	12 43 26	8 57 08	3 33	18 27 08	0 N 09	22 47	17 46	25 19 43	22 36
3	M	12 47 23	9 56 10	3 56	2 ♑ 05 59	1 21	22 05	17 43	8 ♑ 46 15	21 15
4	T	12 51 19	10 55 14	4 19	15 20 53	2 26	20 08	17 40	21 50 19	18 47
5	W	12 55 16	11 54 20	4 42	28 15 01	3 22	17 13	17 36	4 ♒ 35 25	15 27
6	Th	12 59 12	12 53 28	5 05	10 ♒ 51 58	4 07	13 33	17 33	17 05 07	11 30
7	F	13 03 09	13 52 38	5 28	23 15 16	4 39	9 22	17 30	29 22 48	7 09
8	S	13 07 06	14 51 49	5 51	5 ♓ 28 01	4 58	4 53	17 27	11 ♓ 31 16	2 S 35
9	Su	13 11 02	15 51 02	6 14	17 32 47	5 04	0 S 16	17 24	23 32 50	2 N 03
10	M	13 14 59	16 50 17	6 37	29 31 37	4 55	4 N 20	17 21	5 ♈ 29 20	6 34
11	T	13 18 55	17 49 34	7 00	11 ♈ 26 10	4 35	8 44	17 17	17 22 17	10 49
12	W	13 22 52	18 48 53	7 22	23 17 53	4 02	12 47	17 14	29 13 10	14 39
13	Th	13 26 48	19 48 14	7 45	5 ♉ 08 19	3 18	16 21	17 11	11 ♉ 03 36	17 53
14	F	13 30 45	20 47 38	8 07	16 59 15	2 26	19 15	17 08	22 55 35	20 24
15	S	13 34 41	21 47 03	8 29	28 52 56	1 28	21 20	17 05	4 ♊ 51 41	22 02
16	Su	13 38 38	22 46 31	8 51	10 ♊ 52 15	0 N 24	22 29	17 02	16 55 05	22 40
17	M	13 42 35	23 46 01	9 13	23 00 42	0 S 41	22 34	16 58	29 09 36	22 13
18	T	13 46 31	24 45 33	9 35	5 ♋ 22 21	1 46	21 34	16 55	11 ♋ 39 30	20 39
19	W	13 50 28	25 45 08	9 57	18 01 38	2 47	19 28	16 52	24 29 16	18 01
20	Th	13 54 24	26 44 44	10 19	1 ♌ 02 55	3 41	16 20	16 49	7 ♌ 43 02	14 24
21	F	13 58 21	27 44 24	10 40	14 29 58	4 25	12 15	16 46	21 23 58	9 54
22	S	14 02 17	28 44 05	11 01	28 25 07	4 55	7 24	16 42	5 ♍ 33 22	4 N 45
23	Su	14 06 14	29 ♎ 43 48	11 23	12 ♍ 48 25	5 08	2 N 00	16 39	20 09 47	0 S 49
24	M	14 10 10	0 ♏ 43 34	11 44	27 36 47	5 02	3 S 40	16 36	5 ♎ 08 28	6 29
25	T	14 14 07	1 43 22	12 04	12 ♎ 43 46	4 34	9 14	16 33	20 21 24	11 51
26	W	14 18 04	2 43 12	12 25	28 00 02	3 46	14 17	16 30	5 ♏ 38 18	16 29
27	Th	14 22 00	3 43 04	12 45	13 ♏ 14 49	2 43	18 24	16 27	20 48 19	19 59
28	F	14 25 57	4 42 58	13 06	28 17 40	1 29	21 13	16 23	5 ♐ 41 54	22 04
29	S	14 29 53	5 42 54	13 26	13 ♐ 00 14	0 S 10	22 31	16 20	20 12 09	22 35
30	Su	14 33 50	6 42 52	13 45	27 17 16	1 N 07	22 17	16 17	4 ♑ 15 26	21 38
31	M	14 37 46	7 ♏ 42 51	14 S 05	11 ♑ 06 39	2 N 18	20 S 40	16 ♐ 14	17 ♑ 51 04	19 S 26

D M	Mercury Lat.	Mercury Dec.		Venus Lat.	Venus Dec.		Mars Lat.	Mars Dec.		Jupiter Lat.	Jupiter Dec.
	° ′	° ′	° ′	° ′	° ′	° ′	° ′	° ′	° ′	° ′	° ′
1	1 N 07	2 S 57	3 S 43	0 N 56	7 S 06	7 S 36	1 N 08	19 N 29	19 N 21	1 S 28	13 N 00
3	0 56	4 29	5 15	0 52	8 05	8 34	1 09	19 12	19 04	1 28	12 56
5	0 43	6 00	6 44	0 48	9 03	9 32	1 11	18 55	18 47	1 29	12 52
7	0 30	7 28	8 12	0 44	10 01	10 30	1 13	18 38	18 29	1 29	12 47
9	0 17	8 55	9 37	0 40	10 58	11 26	1 15	18 20	18 11	1 29	12 43
11	0 N 03	10 19	11 00	0 35	11 54	12 21	1 17	18 02	17 53	1 29	12 38
13	0 S 11	11 40	12 20	0 31	12 48	13 15	1 19	17 44	17 35	1 29	12 33
15	0 25	12 59	13 37	0 26	13 42	14 08	1 20	17 26	17 16	1 29	12 28
17	0 39	14 15	14 51	0 21	14 34	14 59	1 22	17 07	16 58	1 29	12 23
19	0 52	15 27	16 03	0 16	15 24	15 49	1 24	16 48	16 39	1 29	12 18
21	1 06	16 37	17 10	0 11	16 13	16 37	1 26	16 29	16 20	1 29	12 13
23	1 19	17 43	18 15	0 06	17 01	17 24	1 28	16 10	16 01	1 29	12 08
25	1 31	18 46	19 16	0 N 01	17 47	18 09	1 30	15 51	15 41	1 29	12 03
27	1 43	19 45	20 12	0 S 04	18 30	18 52	1 32	15 32	15 22	1 29	11 57
29	1 54	20 39	21 S 05	0 09	19 12	19 S 33	1 34	15 12	15 N 03	1 29	11 52
31	2 S 05	21 S 30		0 S 14	19 S 52		1 N 36	14 N 53		1 S 29	11 N 47

FIRST QUARTER – Oct. 4,03h.15m. (10° ♑ 34′)

FULL MOON – Oct.12,02h.06m. (18°♈24′)

D M	☿ Long.	♀ Long.	♂ Long.	♃ Long.	♄ Long.	♅ Long.	♆ Long.	♇ Long.	☉	☿	♀	♂	♃	♄	♅	♆	♇
	° ′	° ′	° ′	° ′	° ′	° ′	° ′	° ′									
1	10♎04	20♎22	7♌30	8♉41	18♎41	2♈21	28♒33	4♑57	⚹	⚹	∠	△		∠	△	□	⚺
2	11 48	21 37	8 05	8R 35	18 48	2R 19	28R 32	4 57			⚹	⚼	⚼	⚹			
3	13 32	22 52	8 41	8 29	18 55	2 17	28 30	4 58					△		□	⚹	☌
4	15 15	24 06	9 16	8 23	19 02	2 14	28 29	4 58	□	□				□		∠	
5	16 57	25 21	9 51	8 16	19 10	2 12	28 28	4 59			□				⚹	⚺	
6	18 38	26 35	10 26	8 10	19 17	2 10	28 27	4 59	△			☍	□				⚺
7	20 18	27 50	11 01	8 03	19 24	2 07	28 26	5 00	⚼	△	△			△	∠	☌	∠
8	21 58	29♎05	11 36	7 56	19 32	2 05	28 25	5 01		⚼			⚹	⚼	⚺		⚹
9	23 37	0♏19	12 11	7 49	19 39	2 03	28 24	5 01			⚼		∠				
10	25 15	1 34	12 46	7 42	19 46	2 00	28 23	5 02				⚼			☌	⚺	□
11	26 52	2 48	13 21	7 35	19 54	1 58	28 22	5 03				△	⚺			∠	
12	28♎29	4 03	13 55	7 28	20 01	1 56	28 21	5 04	☍					☍		⚹	
13	0♏05	5 18	14 29	7 20	20 08	1 53	28 20	5 04		☍	☍		☌		⚺		△
14	1 40	6 32	15 04	7 13	20 16	1 51	28 20	5 05				□			∠		⚼
15	3 14	7 47	15 38	7 05	20 23	1 49	28 19	5 06							⚹	□	
16	4 48	9 01	16 12	6 58	20 30	1 47	28 18	5 07	⚼			⚹	⚺	⚼			
17	6 21	10 16	16 46	6 50	20 38	1 45	28 17	5 08	△	⚼	⚼		∠	△		△	
18	7 54	11 31	17 20	6 42	20 45	1 42	28 16	5 09		△		∠	⚹		□		☍
19	9 25	12 45	17 53	6 34	20 52	1 40	28 16	5 10			△	⚺		□		⚼	
20	10 57	14 00	18 27	6 26	20 59	1 38	28 15	5 11	□				□		△		
21	12 27	15 14	19 00	6 19	21 07	1 36	28 14	5 12		□	□	☌		⚹	⚼		⚼
22	13 57	16 29	19 34	6 11	21 14	1 34	28 14	5 13	⚹							☍	△
23	15 27	17 44	20 07	6 02	21 21	1 32	28 13	5 14	∠	⚹	⚹		△	∠			
24	16 55	18 58	20 40	5 54	21 29	1 30	28 13	5 15	⚺	∠	∠	⚺	⚼	⚺	☍		
25	18 23	20 13	21 13	5 46	21 36	1 28	28 12	5 16		⚺		∠				⚼	□
26	19 51	21 28	21 46	5 38	21 43	1 26	28 12	5 18	☌		⚺	⚹	☍	☌		△	⚹
27	21 18	22 42	22 18	5 30	21 50	1 24	28 11	5 19							⚼		∠
28	22 44	23 57	22 51	5 22	21 58	1 22	28 11	5 20	⚺	●	☌	□		⚺	△	□	⚺
29	24 09	25 11	23 23	5 14	22 05	1 20	28 10	5 21					⚼	∠			
30	25 34	26 26	23 55	5 06	22 12	1 18	28 10	5 23	∠	⚺	⚺	△		⚹	□	⚹	
31	26♏58	27♏41	24♌27	4♉57	22♎19	1♈17	28♒10	5♑24	⚹	∠	∠	⚼	△			∠	☌

D M	Saturn Lat.	Saturn Dec.	Uranus Lat.	Uranus Dec.	Neptune Lat.	Neptune Dec.	Pluto Lat.	Pluto Dec.
	° ′	° ′	° ′	° ′	° ′	° ′	° ′	° ′
1	2N15	5S17	0S46	0N13	0S33	12S30	4N11	19S10
3	2 15	5 22	0 46	0 11	0 33	12 31	4 10	19 10
5	2 15	5 28	0 46	0 09	0 33	12 32	4 10	19 11
7	2 15	5 33	0 46	0 07	0 33	12 33	4 09	19 11
9	2 15	5 39	0 46	0 06	0 33	12 33	4 09	19 12
11	2 15	5 44	0 46	0 04	0 33	12 34	4 09	19 12
13	2 15	5 50	0 46	0N02	0 33	12 35	4 08	19 12
15	2 15	5 55	0 46	0 00	0 33	12 35	4 08	19 13
17	2 15	6 01	0 46	0S01	0 33	12 36	4 07	19 13
19	2 15	6 06	0 46	0 03	0 33	12 36	4 07	19 14
21	2 15	6 12	0 46	0 05	0 33	12 37	4 06	19 14
23	2 15	6 17	0 46	0 06	0 33	12 37	4 06	19 14
25	2 15	6 22	0 46	0 08	0 33	12 37	4 05	19 15
27	2 15	6 28	0 46	0 09	0 33	12 38	4 05	19 15
29	2 16	6 33	0 46	0 11	0 33	12 38	4 05	19 15
31	2N16	6S38	0S46	0S12	0S33	12S38	4N04	19S16

Mutual Aspects

2 ☉▽♃. ☉ǁ☿.
3 ☿⚼♆. ♀Q♇. ♂□♃. ♂⫲♇.
4 ☿ǁ♄.
6 ☿☌♄. ♃⊥♅.
7 ☉⚼♆. ♀△♆. ♂±♇. ☉ǁ♄.
9 ☿Q♇.
10 ☿Q♂. ♀▽♅.
12 ☿△♆. ♀⫲♃. ♀ǁ♆.
13 ☉☌♄. ♀⚹♇. ♃⫲♆.
14 ☿▽♅. ♀☍♃. ☿⫲♃. ☿ǁ♆.
15 ♀±♅.
16 ☉Q♇. ☿⚹♇.
17 ☿☍♃. ♂⚼♅.
18 ☿±♅. 19 ☿ǁ♀.
21 ☉△♆. ☿⫲♂. ♀⫲♂.
22 ♀⚼♅. 23 ♂⚼♇.
24 ☿⚼♅.
25 ☉▽♅. ♀∠♇. ☉⫲♃.
26 ☿∠♇. ♀□♂. ♀⚺♄. ♂⚹♄. ☿ǁ♇
27 ☿⚺♄. ☉ǁ♆.
28 ☉Q♂. ☿□♂. ♃△♇.
29 ☉☍♃. ☉⚹♇. ♀ǁ♇.
31 ☉±♅. ♀□♆.

LAST QUARTER – Oct.20,03h.30m. (26°♋24′)

NEW MOON – Nov.25,06h.10m. (2° ♐ 37′)

D M	D W	Sidereal Time	☉ Long.	☉ Dec.	☽ Long.	☽ Lat.	☽ Dec.	☽ Node	24h. ☽ Long.	24h. ☽ Dec.
		h m s	° ′ ″	° ′	° ′ ″	° ′	° ′	° ′	° ′ ″	° ′
1	T	14 41 43	8 ♏ 42 52	14 S 24	24 ♑ 28 59	3 N19	17 S 57	16 ♐ 11	1 ♒ 00 45	16 S 16
2	W	14 45 39	9 42 54	14 43	7 ♒ 26 48	4 08	14 24	16 08	13 47 38	12 24
3	Th	14 49 36	10 42 58	15 02	20 03 45	4 44	10 18	16 04	26 15 42	8 07
4	F	14 53 33	11 43 04	15 21	2 ♓ 23 59	5 05	5 52	16 01	8 ♓ 29 07	3 S 35
5	S	14 57 29	12 43 11	15 39	14 31 36	5 12	1 S 17	15 58	20 31 55	1 N01
6	Su	15 01 26	13 43 19	15 57	26 30 29	5 06	3 N17	15 55	2 ♈ 27 43	5 32
7	M	15 05 22	14 43 30	16 15	8 ♈ 23 59	4 46	7 43	15 52	14 19 38	9 49
8	T	15 09 19	15 43 42	16 33	20 14 58	4 14	11 50	15 48	26 10 17	13 44
9	W	15 13 15	16 43 55	16 50	2 ♉ 05 51	3 31	15 30	15 45	8 ♉ 01 53	17 07
10	Th	15 17 12	17 44 10	17 07	13 58 37	2 39	18 34	15 42	19 56 17	19 48
11	F	15 21 08	18 44 27	17 24	25 55 06	1 39	20 51	15 39	1 ♊ 55 16	21 39
12	S	15 25 05	19 44 46	17 40	7 ♊ 57 03	0 N35	22 12	15 36	14 00 39	22 30
13	Su	15 29 02	20 45 07	17 56	20 06 22	0 S 32	22 32	15 33	26 14 27	22 18
14	M	15 32 58	21 45 29	18 12	2 ♋ 25 12	1 38	21 47	15 29	8 ♋ 38 57	20 59
15	T	15 36 55	22 45 54	18 28	14 56 02	2 41	19 56	15 26	21 16 48	18 37
16	W	15 40 51	23 46 20	18 43	27 41 37	3 37	17 04	15 23	4 ♌ 10 49	15 18
17	Th	15 44 48	24 46 47	18 58	10 ♌ 44 47	4 23	13 19	15 20	17 23 48	11 08
18	F	15 48 44	25 47 17	19 12	24 08 09	4 57	8 48	15 17	0 ♍ 58 03	6 20
19	S	15 52 41	26 47 49	19 26	7 ♍ 53 38	5 14	3 N45	15 14	14 54 54	1 N05
20	Su	15 56 37	27 48 22	19 40	22 01 46	5 13	1 S 38	15 10	29 13 59	4 S 22
21	M	16 00 34	28 48 57	19 54	6 ♎ 31 10	4 53	7 04	15 07	13 ♎ 52 46	9 42
22	T	16 04 31	29 ♏ 49 34	20 07	21 18 04	4 13	12 13	15 04	28 46 14	14 33
23	W	16 08 27	0 ♐ 50 13	20 19	6 ♏ 16 18	3 15	16 41	15 01	13 ♏ 47 12	18 32
24	Th	16 12 24	1 50 53	20 32	21 17 49	2 04	20 04	14 58	28 47 03	21 16
25	F	16 16 20	2 51 35	20 44	6 ♐ 13 49	0 S 44	22 04	14 54	13 ♐ 37 06	22 29
26	S	16 20 17	3 52 18	20 55	20 56 01	0 N37	22 31	14 51	28 09 46	22 09
27	Su	16 24 13	4 53 02	21 06	5 ♑ 17 47	1 54	21 26	14 48	12 ♑ 19 37	20 23
28	M	16 28 10	5 53 48	21 17	19 14 58	3 02	19 03	14 45	26 03 44	17 28
29	T	16 32 06	6 54 34	21 28	2 ♒ 45 57	3 58	15 40	14 42	9 ♒ 21 44	13 43
30	W	16 36 03	7 ♐ 55 22	21 S 38	15 ♒ 51 24	4 N39	11 S 38	14 ♐ 39	22 ♒ 15 16	9 S 27

D M	Mercury Lat.	Mercury Dec.		Venus Lat.	Venus Dec.		Mars Lat.	Mars Dec.		Jupiter Lat.	Jupiter Dec.
	° ′	° ′	° ′	° ′	° ′	° ′	° ′	° ′	° ′	° ′	° ′
1	2 S 10	21 S 54	22 S 17	0 S 17	20 S 11	20 S 30	1 N 37	14 N43	14 N 33	1 S 29	11 N44
3	2 19	22 38	22 59	0 22	20 48	21 05	1 39	14 24	14 14	1 28	11 39
5	2 27	23 18	23 36	0 27	21 22	21 39	1 41	14 04	13 54	1 28	11 34
7	2 33	23 52	24 08	0 32	21 54	22 09	1 44	13 45	13 35	1 28	11 29
9	2 38	24 22	24 34	0 37	22 24	22 37	1 46	13 25	13 15	1 28	11 24
11	2 41	24 46	24 56	0 43	22 50	23 03	1 48	13 06	12 56	1 27	11 19
13	2 41	25 04	25 11	0 48	23 15	23 26	1 50	12 47	12 37	1 27	11 14
15	2 39	25 16	25 20	0 52	23 36	23 46	1 52	12 27	12 18	1 27	11 10
17	2 34	25 22	25 22	0 57	23 55	24 03	1 55	12 08	11 59	1 26	11 05
19	2 25	25 21	25 17	1 02	24 11	24 18	1 57	11 50	11 40	1 26	11 01
21	2 11	25 12	25 05	1 06	24 24	24 29	1 59	11 31	11 22	1 25	10 57
23	1 52	24 56	24 45	1 11	24 34	24 38	2 02	11 12	11 03	1 25	10 53
25	1 28	24 31	24 15	1 15	24 41	24 43	2 04	10 54	10 45	1 24	10 49
27	0 57	23 57	23 37	1 19	24 45	24 46	2 07	10 36	10 27	1 24	10 46
29	0 S 21	23 14	22 S 49	1 23	24 46	24 S 45	2 09	10 19	10 N 10	1 23	10 42
31	0 N18	22 S 22		1 S 27	24 S 44		2 N 12	10 N01		1 S 23	10 N39

FIRST QUARTER – Nov. 2,16h.38m. (9° ♒ 55′)

FULL MOON – Nov.10,20h.16m. (18° ♉ 05′)

D M	☿ Long.	♀ Long.	♂ Long.	♃ Long.	♄ Long.	♅ Long.	♆ Long.	♇ Long.	Lunar Aspects ☉	☿	♀	♂	♃	♄	♅	♆	♇
	° ′	° ′	° ′	° ′	° ′	° ′	° ′	° ′									
1	28♏21	28♏55	24♌59	4♉49	22♎26	1♈15	28♒09	5♑25		⚹	⚹			□		⚺	
2	29♏43	0♐10	25 31	4R 41	22 33	1R 13	28R 09	5 27	□				□		⚹		⚺
3	1♐05	1 24	26 03	4 33	22 41	1 11	28 09	5 28						△	∠		∠
4	2 25	2 39	26 34	4 25	22 48	1 10	28 09	5 29		□	□	☍	⚹	⚼	⚺	☌	⚹
5	3 44	3 54	27 05	4 17	22 55	1 08	28 09	5 31	△				∠				
6	5 02	5 08	27 37	4 09	23 02	1 06	28 08	5 32	⚼						☌	⚺	
7	6 18	6 23	28 08	4 01	23 09	1 05	28 08	5 34		△	△	⚼	⚺			∠	□
8	7 34	7 37	28 38	3 53	23 16	1 03	28 08	5 35		⚼	⚼			☍			
9	8 47	8 52	29 09	3 46	23 23	1 02	28 08	5 37				△	☌		⚺	⚹	△
10	9 58	10 06	29♌39	3 38	23 30	1 00	28D 08	5 38	☍						∠		
11	11 08	11 21	0♍10	3 30	23 36	0 59	28 08	5 40				□			⚹	□	⚼
12	12 15	12 35	0 40	3 23	23 43	0 58	28 08	5 42		☍	☍		⚺	⚼			
13	13 20	13 50	1 10	3 15	23 50	0 56	28 08	5 43					∠	△			
14	14 21	15 04	1 40	3 08	23 57	0 55	28 09	5 45	⚼			⚹	⚹		□	△	☍
15	15 20	16 19	2 09	3 01	24 04	0 54	28 09	5 47				∠				⚼	
16	16 14	17 33	2 38	2 54	24 10	0 53	28 09	5 48	△	⚼	⚼	⚺	□	□	△		
17	17 05	18 48	3 08	2 47	24 17	0 52	28 09	5 50							⚼		
18	17 50	20 02	3 37	2 40	24 24	0 50	28 10	5 52	□	△	△			⚹		☍	⚼
19	18 30	21 17	4 05	2 33	24 30	0 49	28 10	5 53				☌	△	∠			△
20	19 05	22 31	4 34	2 26	24 37	0 48	28 10	5 55	⚹	□	□		⚼	⚺			
21	19 32	23 46	5 02	2 20	24 43	0 47	28 11	5 57				⚺			☍	⚼	□
22	19 52	25 00	5 30	2 14	24 50	0 47	28 11	5 59	∠	⚹	⚹	∠		☌		△	
23	20 04	26 15	5 58	2 07	24 56	0 46	28 11	6 01	⚺	∠	∠	⚹	☍				⚹
24	20R 07	27 29	6 26	2 01	25 03	0 45	28 12	6 02		⚺	⚺			⚺	⚼	□	∠
25	20 00	28 44	6 53	1 55	25 09	0 44	28 12	6 04	●			□		∠	△		⚺
26	19 43	29♐58	7 21	1 49	25 15	0 43	28 13	6 06		☌			⚼	⚹			
27	19 15	1♑13	7 48	1 44	25 21	0 43	28 14	6 08	⚺		☌	△	△		□	⚹	☌
28	18 36	2 27	8 14	1 38	25 28	0 42	28 14	6 10	∠	⚺		⚼		□		∠	
29	17 47	3 41	8 41	1 33	25 34	0 42	28 15	6 12	⚹	∠	⚺		□		⚹	⚺	⚺
30	16♐47	4♑56	9♍07	1♉28	25♎40	0♈41	28♒16	6♑14		⚹	∠				∠		∠

D M	Saturn Lat.	Saturn Dec.	Uranus Lat.	Uranus Dec.	Neptune Lat.	Neptune Dec.	Pluto Lat.	Pluto Dec.
	° ′	° ′	° ′	° ′	° ′	° ′	° ′	° ′
1	2N16	6S40	0S46	0S13	0S33	12S38	4N04	19S16
3	2 16	6 46	0 46	0 14	0 33	12 38	4 04	19 16
5	2 16	6 51	0 46	0 15	0 33	12 38	4 03	19 16
7	2 16	6 56	0 45	0 16	0 33	12 38	4 03	19 17
9	2 16	7 01	0 45	0 18	0 33	12 38	4 02	19 17
11	2 17	7 05	0 45	0 19	0 33	12 38	4 02	19 17
13	2 17	7 10	0 45	0 20	0 33	12 38	4 02	19 17
15	2 17	7 15	0 45	0 20	0 33	12 38	4 01	19 18
17	2 17	7 20	0 45	0 21	0 33	12 38	4 01	19 18
19	2 18	7 24	0 45	0 22	0 33	12 38	4 01	19 18
21	2 18	7 29	0 45	0 23	0 33	12 37	4 00	19 18
23	2 18	7 33	0 45	0 23	0 33	12 37	4 00	19 18
25	2 18	7 37	0 45	0 24	0 33	12 37	4 00	19 18
27	2 19	7 42	0 45	0 24	0 33	12 36	3 59	19 19
29	2 19	7 46	0 45	0 25	0 33	12 36	3 59	19 19
31	2N19	7S50	0S45	0S25	0S33	12S35	3N59	19S19

Mutual Aspects

1 ☿⊥♄. ☿□♆. ♀⊥♄. ♀⊥♇. ♂±♅.
2 ☿⊥♇. ☉#♂.
3 ☿△♅. ♀△♅.
5 ☿∇♃. ♀∇♃.
6 ☿⚺♇. ♀⚺♇.
7 ♂☍♆. 8 ☉⚼♅.
9 ☿∠♄. ♀∠♄. ♆Stat.
10 ☿±♃. ♀±♃.
12 ♄Q♇.
13 ☉∠♇. ♂∇♅.
14 ♂#♆. 15 ♀Q♆.
16 ☉⚺♄. ☿Q♆. ♀⚼♃. ♂△♃.
18 ☿⚼♃. ☉∥♇.
20 ☉□♆.
22 ☉⊥♇. ♀⚹♄.
23 ☉⊥♄. ☉△♅. ♂△♇.
24 ☉∇♃. ☿∥♀. ☿Stat.
25 ♀⚹♆. 26 ♂∥♃.
27 ♀△♃. ♀□♅.
28 ☉⚺♇.
30 ☉±♃. ☿⚼♃. ☿Q♆.

LAST QUARTER – Nov.18,15h.09m. (25° ♌ 55′)

NEW MOON – Dec.24,18h.06m. (2°♑34′)

24			DECEMBER 2011						[RAPHAEL'S	
D	D	Sidereal	☉	☉	☽	☽	☽	☽	24h.	
M	W	Time	Long.	Dec.	Long.	Lat.	Dec.	Node	☽ Long.	☽ Dec.
		h m s	° ′ ″	° ′	° ′ ″	° ′	° ′	° ′	° ′ ″	° ′
1	Th	16 40 00	8♐56 10	21 S 47	28♒33 48	5 N06	7 S 11	14♐35	4♓47 29	4 S 53
2	F	16 43 56	9 56 59	21 56	10♓56 51	5 17	2 S 34	14 32	17 02 27	0 S 15
3	S	16 47 53	10 57 49	22 05	23 04 52	5 14	2 N04	14 29	29 04 40	4 N20
4	Su	16 51 49	11 58 40	22 13	5♈02 26	4 57	6 33	14 26	10♈58 42	8 42
5	M	16 55 46	12 59 32	22 21	16 54 01	4 28	10 46	14 23	22 48 54	12 43
6	T	16 59 42	14 00 25	22 29	28 43 49	3 47	14 33	14 19	4♉39 12	16 15
7	W	17 03 39	15 01 19	22 36	10♉35 30	2 57	17 48	14 16	16 33 03	19 09
8	Th	17 07 35	16 02 13	22 42	22 32 13	1 58	20 18	14 13	28 33 17	21 14
9	F	17 11 32	17 03 09	22 48	4♊36 31	0 N54	21 56	14 10	10♊42 09	22 23
10	S	17 15 29	18 04 05	22 54	16 50 23	0 S 14	22 33	14 07	23 01 22	22 27
11	Su	17 19 25	19 05 02	22 59	29 15 15	1 22	22 04	14 04	5♋32 09	21 24
12	M	17 23 22	20 06 00	23 04	11♋52 11	2 27	20 28	14 00	18 15 24	19 16
13	T	17 27 18	21 07 00	23 08	24 41 54	3 26	17 48	13 57	1♌11 44	16 07
14	W	17 31 15	22 08 00	23 12	7♌44 58	4 15	14 13	13 54	14 21 39	12 08
15	Th	17 35 11	23 09 01	23 16	21 01 49	4 51	9 53	13 51	27 45 31	7 29
16	F	17 39 08	24 10 02	23 19	4♍32 47	5 12	4 N59	13 48	11♍23 37	2 N24
17	S	17 43 04	25 11 05	23 21	18 17 59	5 16	0 S 14	13 45	25 15 52	2 S 53
18	Su	17 47 01	26 12 09	23 23	2♎17 09	5 01	5 31	13 41	9♎21 42	8 06
19	M	17 50 58	27 13 14	23 24	16 29 19	4 28	10 36	13 38	23 39 44	12 59
20	T	17 54 54	28 14 19	23 26	0♏52 34	3 38	15 11	13 35	8♏07 24	17 10
21	W	17 58 51	29♐15 26	23 26	15 23 44	2 33	18 54	13 32	22 40 57	20 19
22	Th	18 02 47	0♑16 33	23 26	29 58 26	1 S 18	21 25	13 29	7♐15 26	22 09
23	F	18 06 44	1 17 41	23 26	14♐31 15	0 N01	22 31	13 25	21 45 06	22 30
24	S	18 10 40	2 18 50	23 25	28 56 16	1 20	22 06	13 22	6♑04 01	21 20
25	Su	18 14 37	3 19 59	23 24	13♑07 45	2 33	20 15	13 19	20 06 53	18 53
26	M	18 18 33	4 21 08	23 22	27 00 58	3 35	17 15	13 16	3♒49 40	15 24
27	T	18 22 30	5 22 18	23 20	10♒32 44	4 23	13 23	13 13	17 10 06	11 13
28	W	18 26 27	6 23 27	23 17	23 41 46	4 55	8 58	13 10	0♓07 53	6 39
29	Th	18 30 23	7 24 37	23 14	6♓28 40	5 12	4 S 18	13 06	12 44 27	1 S 56
30	F	18 34 20	8 25 46	23 10	18 55 40	5 14	0 N26	13 03	25 02 46	2 N46
31	S	18 38 16	9♑26 55	23 S 06	1♈06 18	5 N01	5 N02	13♐00	7♈06 50	7 N15

D	Mercury			Venus			Mars			Jupiter	
M	Lat.	Dec.		Lat.	Dec.		Lat.	Dec.		Lat.	Dec.
	° ′	° ′	° ′	° ′	° ′	° ′	° ′	° ′	° ′	° ′	° ′
1	0 N18	22 S 22	21 S 53	1 S 27	24 S 44	24 S 42	2 N 12	10 N01	9 N 53	1 S 23	10 N39
3	0 59	21 23	20 53	1 30	24 39	24 36	2 14	9 44	9 36	1 22	10 37
5	1 37	20 24	19 56	1 33	24 31	24 26	2 17	9 28	9 20	1 22	10 34
7	2 08	19 30	19 07	1 36	24 20	24 14	2 20	9 12	9 04	1 21	10 32
9	2 30	18 48	18 32	1 39	24 06	23 58	2 22	8 56	8 48	1 21	10 30
11	2 44	18 21	18 13	1 42	23 50	23 40	2 25	8 40	8 33	1 20	10 28
13	2 49	18 09	18 09	1 44	23 30	23 19	2 28	8 26	8 18	1 19	10 27
15	2 48	18 12	18 18	1 46	23 08	22 56	2 31	8 11	8 04	1 19	10 26
17	2 42	18 26	18 37	1 47	22 43	22 29	2 34	7 58	7 51	1 18	10 25
19	2 31	18 49	19 03	1 49	22 15	22 00	2 37	7 44	7 38	1 18	10 25
21	2 19	19 18	19 34	1 50	21 44	21 28	2 40	7 32	7 26	1 17	10 24
23	2 04	19 50	20 07	1 51	21 12	20 54	2 43	7 20	7 14	1 16	10 25
25	1 49	20 24	20 41	1 51	20 36	20 18	2 46	7 09	7 03	1 16	10 25
27	1 32	20 57	21 14	1 51	19 59	19 39	2 49	6 58	6 53	1 15	10 26
29	1 16	21 30	21 S 46	1 51	19 19	18 S 58	2 52	6 48	6 N 44	1 15	10 27
31	0 N59	22 S 01		1 S 50	18 S 37		2 N 56	6 N39		1 S 14	10 N28

FIRST QUARTER – Dec. 2,09h.52m. (9°♓52′)

FULL MOON–Dec.10,14h.36m. (18°♊11′)

D	☿	♀	♂	♃	♄	♅	♆	♇	Lunar Aspects								
M	Long.	Long.	Long.	Long.	Long.	Long.	Long.	Long.	☉	☿	♀	♂	♃	♄	♅	♆	♇
	° ′	° ′	° ′	° ′	° ′	° ′	° ′	° ′									
1	15♐39	6♑10	9♍33	1♉23	25♎46	0♈41	28♒16	6♑16					⚹	△	⚺	☌	
2	14R 23	7 25	9 59	1R 18	25 52	0R 40	28 17	6 18	□	□	⚹	☍	∠	⚼			⚹
3	13 03	8 39	10 24	1 14	25 58	0 40	28 18	6 20								⚺	
4	11 40	9 53	10 49	1 09	26 04	0 39	28 19	6 22			□		⚺		☌		□
5	10 18	11 08	11 14	1 05	26 09	0 39	28 20	6 24	△	△						∠	
6	8 59	12 22	11 39	1 01	26 15	0 39	28 20	6 26	⚼	⚼		⚼	☌	☍	⚺	⚹	
7	7 46	13 36	12 03	0 57	26 21	0 39	28 21	6 28			△	△			∠		△
8	6 41	14 50	12 27	0 53	26 26	0 39	28 22	6 30								□	⚼
9	5 45	16 05	12 51	0 50	26 32	0 39	28 23	6 32		☍	⚼		⚺		⚹		
10	5 00	17 19	13 14	0 47	26 37	0D 39	28 24	6 34	☍			□	∠	⚼			
11	4 27	18 33	13 37	0 44	26 43	0 39	28 25	6 36					⚹	△	□	△	
12	4 04	19 47	14 00	0 41	26 48	0 39	28 26	6 38				⚹				⚼	☍
13	3 53	21 02	14 22	0 38	26 53	0 39	28 28	6 40		⚼	☍	∠	□	□	△		
14	3D 52	22 16	14 44	0 36	26 59	0 39	28 29	6 42	⚼	△							
15	4 01	23 30	15 06	0 33	27 04	0 39	28 30	6 44	△			⚺		⚹	⚼		⚼
16	4 19	24 44	15 27	0 31	27 09	0 40	28 31	6 46		□	⚼		△			☍	△
17	4 46	25 58	15 48	0 29	27 14	0 40	28 32	6 48				☌	⚼	∠			
18	5 19	27 12	16 09	0 28	27 19	0 40	28 34	6 51	□	⚹	△			⚺	☍		□
19	6 00	28 26	16 29	0 26	27 24	0 41	28 35	6 53		∠		⚺				⚼	
20	6 46	29♑40	16 49	0 25	27 28	0 41	28 36	6 55	⚹	⚺	□	∠	☍	☌		△	⚹
21	7 37	0♒54	17 09	0 24	27 33	0 42	28 38	6 57	∠			⚹			⚼		∠
22	8 33	2 08	17 28	0 23	27 38	0 42	28 39	6 59	⚺		⚹			⚺	△	□	⚺
23	9 33	3 22	17 46	0 22	27 42	0 43	28 40	7 01		☌	∠	□	⚼	∠			
24	10 37	4 36	18 05	0 22	27 47	0 44	28 42	7 03	☌		⚺		△	⚹	□	⚹	
25	11 43	5 50	18 22	0 22	27 51	0 44	28 43	7 05		⚺		△				∠	☌
26	12 52	7 04	18 40	0D 22	27 55	0 45	28 45	7 08		∠		⚼	□	□	⚹	⚺	
27	14 04	8 18	18 57	0 22	28 00	0 46	28 46	7 10	⚺	⚹	☌				∠		⚺
28	15 18	9 31	19 13	0 23	28 04	0 47	28 48	7 12	∠					△		☌	∠
29	16 34	10 45	19 29	0 23	28 08	0 48	28 49	7 14	⚹		⚺		⚹		⚺		⚹
30	17 51	11 59	19 44	0 24	28 12	0 49	28 51	7 16		□		☍	∠	⚼			
31	19♐10	13♒13	19♍59	0♉25	28♎15	0♈50	28♒53	7♑18			∠		⚺		☌	⚺	

D	Saturn		Uranus		Neptune		Pluto	
M	Lat.	Dec.	Lat.	Dec.	Lat.	Dec.	Lat.	Dec.
	° ′	° ′	° ′	° ′	° ′	° ′	° ′	° ′
1	2N19	7S50	0S45	0S25	0S33	12S35	3N59	19S19
3	2 20	7 54	0 44	0 25	0 33	12 35	3 58	19 19
5	2 20	7 57	0 44	0 25	0 33	12 34	3 58	19 19
7	2 20	8 01	0 44	0 25	0 33	12 33	3 58	19 19
9	2 21	8 05	0 44	0 25	0 33	12 33	3 57	19 19
11	2 21	8 08	0 44	0 25	0 33	12 32	3 57	19 19
13	2 21	8 12	0 44	0 25	0 33	12 31	3 57	19 19
15	2 22	8 15	0 44	0 25	0 33	12 30	3 57	19 19
17	2 22	8 18	0 44	0 24	0 33	12 29	3 56	19 19
19	2 23	8 21	0 44	0 24	0 33	12 28	3 56	19 20
21	2 23	8 24	0 44	0 23	0 33	12 27	3 56	19 20
23	2 24	8 27	0 44	0 23	0 33	12 26	3 56	19 20
25	2 24	8 30	0 44	0 22	0 33	12 25	3 56	19 19
27	2 24	8 32	0 44	0 21	0 33	12 24	3 55	19 19
29	2 25	8 34	0 43	0 20	0 33	12 23	3 55	19 19
31	2N25	8S37	0S43	0S19	0S33	12S22	3N55	19S19

Mutual Aspects

1 ♀☌♇.
2 ☉□♂. ♀Q♄. ☉∥☿.
3 ☉∠♄.
4 ☉☌☿. ☿□♂. ☿∠♄.
5 ☿⚺♀. ♀△♂. ♂∠♄.
7 ☿⊥♀. ♀∠♆. ☿∥♇.
8 ☉⚼♃. ☉Q♆. ☿±♃. ☿⚺♇.
10 ♅Stat. 11 ♀Q♅.
12 ☿∠♀.
13 ☉⚺♀. ♃⚺♅.
14 ♀⊥♆. ☉∥♀. ☿Stat.
15 ♂#♄. 16 ♂⚼♃.
18 ♀□♄.
19 ☉⚹♄. ♀⚺♆.
20 ☉⚹♆. ☿±♃. ☿⚺♇.
21 ♀□♃. ♀⚹♅. ☿∥♇.
22 ☉△♃. ☉□♅. ♀⚼♂.
25 ☿∥♀. ♃Stat.
26 ☿∠♄. ♀⚺♇.
28 ☿⚼♃.
29 ☉☌♇. ☿Q♆. ♀∥♇.
31 ♀⊥♇.

LAST QUARTER–Dec.18,00h.48m. (25°♍44′)

JANUARY

D	☉	☽	☽Dec.	☿	♀	♂
	° ′ ″	° ′ ″	° ′	° ′	° ′	′
1	1 01 10	13 18 12	0 35	0 19	0 58	46
2	1 01 11	13 05 06	0 47	0 26	0 58	46
3	1 01 11	12 51 33	2 01	0 33	0 59	47
4	1 01 11	12 37 57	3 03	0 39	0 59	47
5	1 01 11	12 24 51	3 49	0 44	1 00	47
6	1 01 10	12 12 55	4 22	0 49	1 00	47
7	1 01 10	12 02 58	4 41	0 53	1 01	47
8	1 01 10	11 55 44	4 50	0 57	1 01	47
9	1 01 09	11 51 57	4 50	1 00	1 01	47
10	1 01 09	11 52 14	4 41	1 03	1 02	47
11	1 01 08	11 57 01	4 23	1 06	1 02	47
12	1 01 08	12 06 35	3 56	1 08	1 03	47
13	1 01 07	12 20 53	3 17	1 11	1 03	47
14	1 01 07	12 39 33	2 24	1 12	1 03	47
15	1 01 06	13 01 46	1 16	1 14	1 04	47
16	1 01 05	13 26 13	0 05	1 16	1 04	47
17	1 01 05	13 51 04	1 32	1 17	1 04	47
18	1 01 04	14 14 01	2 59	1 19	1 04	47
19	1 01 03	14 32 38	4 15	1 20	1 05	47
20	1 01 03	14 44 49	5 13	1 21	1 05	47
21	1 01 02	14 49 16	5 49	1 22	1 05	47
22	1 01 02	14 45 50	6 01	1 23	1 05	47
23	1 01 01	14 35 35	5 50	1 24	1 06	47
24	1 01 01	14 20 23	5 20	1 25	1 06	47
25	1 01 00	14 02 27	4 32	1 26	1 06	47
26	1 01 00	13 43 47	3 29	1 27	1 06	47
27	1 00 59	13 25 50	2 15	1 28	1 07	47
28	1 00 59	13 09 29	0 55	1 28	1 07	47
29	1 00 58	12 55 04	0 25	1 29	1 07	47
30	1 00 57	12 42 30	1 39	1 30	1 07	47
31	1 00 56	12 31 31	2 43	1 31	1 07	47

FEBRUARY

D	☉	☽	☽Dec.	☿	♀	♂
	° ′ ″	° ′ ″	° ′	° ′	° ′	′
1	1 00 56	12 21 48	3 33	1 31	1 08	47
2	1 00 54	12 13 06	4 11	1 32	1 08	47
3	1 00 53	12 05 23	4 35	1 33	1 08	47
4	1 00 52	11 58 52	4 48	1 34	1 08	47
5	1 00 51	11 53 57	4 50	1 34	1 08	47
6	1 00 50	11 51 13	4 43	1 35	1 08	47
7	1 00 48	11 51 23	4 28	1 36	1 09	47
8	1 00 47	11 55 08	4 02	1 37	1 09	47
9	1 00 45	12 03 08	3 27	1 37	1 09	47
10	1 00 44	12 15 53	2 40	1 38	1 09	47
11	1 00 42	12 33 34	1 41	1 39	1 09	47
12	1 00 41	12 56 00	0 29	1 40	1 09	47
13	1 00 39	13 22 22	0 52	1 41	1 09	47
14	1 00 37	13 51 04	2 17	1 42	1 09	47
15	1 00 36	14 19 41	3 39	1 42	1 09	47
16	1 00 34	14 45 01	4 48	1 43	1 10	47
17	1 00 32	15 03 40	5 39	1 44	1 10	47
18	1 00 31	15 12 49	6 06	1 45	1 10	47
19	1 00 29	15 11 06	6 07	1 46	1 10	47
20	1 00 28	14 59 06	5 43	1 47	1 10	47
21	1 00 26	14 39 09	4 58	1 48	1 10	47
22	1 00 25	14 14 30	3 54	1 49	1 10	47
23	1 00 24	13 48 24	2 38	1 50	1 10	47
24	1 00 23	13 23 27	1 16	1 51	1 10	47
25	1 00 21	13 01 19	0 06	1 51	1 10	47
26	1 00 20	12 42 49	1 21	1 52	1 11	47
27	1 00 18	12 28 04	2 26	1 53	1 11	47
28	1 00 17	12 16 45	3 18	1 54	1 11	47

MARCH

D	☉	☽	☽Dec.	☿	♀	♂
	° ′ ″	° ′ ″	° ′	° ′	° ′	′
1	1 00 15	12 08 17	3 58	1 54	1 11	47
2	1 00 13	12 02 02	4 25	1 55	1 11	47
3	1 00 12	11 57 28	4 42	1 55	1 11	47
4	1 00 10	11 54 14	4 48	1 56	1 11	47
5	1 00 08	11 52 13	4 44	1 56	1 11	47
6	1 00 06	11 51 37	4 31	1 56	1 11	47
7	1 00 04	11 52 52	4 08	1 55	1 11	47
8	1 00 02	11 56 34	3 35	1 55	1 11	47
9	1 00 00	12 03 28	2 51	1 54	1 11	47
10	0 59 58	12 14 16	1 57	1 53	1 11	47
11	0 59 56	12 29 33	0 52	1 51	1 11	47
12	0 59 54	12 49 36	0 22	1 49	1 11	47
13	0 59 52	13 14 10	1 41	1 46	1 11	47
14	0 59 49	13 42 17	2 59	1 43	1 12	47
15	0 59 47	14 12 02	4 10	1 40	1 12	47
16	0 59 45	14 40 29	5 10	1 36	1 12	47
17	0 59 43	15 03 56	5 50	1 31	1 12	47
18	0 59 40	15 18 42	6 08	1 26	1 12	47
19	0 59 38	15 22 10	6 00	1 21	1 12	47
20	0 59 36	15 13 43	5 26	1 15	1 12	47
21	0 59 35	14 54 56	4 27	1 09	1 12	47
22	0 59 33	14 29 04	3 11	1 02	1 12	47
23	0 59 31	13 59 54	1 45	0 55	1 12	47
24	0 59 29	13 30 49	0 18	0 48	1 12	47
25	0 59 28	13 04 17	1 02	0 40	1 12	47
26	0 59 26	12 41 45	2 11	0 33	1 12	47
27	0 59 24	12 23 49	3 06	0 25	1 12	47
28	0 59 22	12 10 26	3 47	0 18	1 12	47
29	0 59 20	12 01 11	4 16	0 10	1 12	47
30	0 59 19	11 55 25	4 35	0 03	1 12	47
31	0 59 17	11 52 25	4 43	0 05	1 12	47

APRIL

D	☉	☽	☽Dec.	☿	♀	♂
	° ′ ″	° ′ ″	° ′	° ′	° ′	′
1	0 59 15	11 51 33	4 43	0 12	1 12	47
2	0 59 13	11 52 19	4 33	0 18	1 12	47
3	0 59 11	11 54 26	4 13	0 24	1 12	47
4	0 59 09	11 57 54	3 42	0 30	1 12	47
5	0 59 07	12 02 59	3 01	0 35	1 12	47
6	0 59 04	12 10 07	2 09	0 39	1 12	47
7	0 59 02	12 19 56	1 06	0 42	1 12	47
8	0 59 00	12 33 02	0 03	0 44	1 12	47
9	0 58 58	12 49 50	1 17	0 46	1 12	47
10	0 58 56	13 10 28	2 31	0 46	1 12	47
11	0 58 53	13 34 27	3 39	0 46	1 12	46
12	0 58 51	14 00 33	4 38	0 45	1 12	46
13	0 58 49	14 26 37	5 23	0 43	1 12	46
14	0 58 46	14 49 39	5 51	0 40	1 12	46
15	0 58 44	15 06 21	5 57	0 37	1 12	46
16	0 58 42	15 13 48	5 39	0 33	1 12	46
17	0 58 40	15 10 29	4 55	0 29	1 12	46
18	0 58 38	14 56 47	3 48	0 25	1 13	46
19	0 58 36	14 34 52	2 23	0 20	1 13	46
20	0 58 34	14 07 54	0 52	0 15	1 13	46
21	0 58 33	13 39 12	0 36	0 10	1 13	46
22	0 58 31	13 11 36	1 53	0 05	1 13	46
23	0 58 29	12 47 04	2 54	0 00	1 13	46
24	0 58 28	12 26 46	3 39	0 05	1 13	46
25	0 58 26	12 11 11	4 11	0 10	1 13	46
26	0 58 24	12 00 19	4 30	0 15	1 13	46
27	0 58 23	11 53 49	4 40	0 20	1 13	46
28	0 58 21	11 51 07	4 41	0 24	1 13	46
29	0 58 20	11 51 36	4 34	0 29	1 13	46
30	0 58 18	11 54 37	4 17	0 33	1 13	46

MAY

D	☉ ° ′ ″	☽ ° ′ ″	☽Dec. ° ′	☿ ° ′	♀ ° ′	♂ ′
1	0 58 16	11 59 36	3 50	0 37	1 13	46
2	0 58 15	12 06 07	3 11	0 41	1 13	46
3	0 58 13	12 13 57	2 21	0 44	1 13	46
4	0 58 11	12 23 04	1 21	0 48	1 13	46
5	0 58 09	12 33 38	0 12	0 51	1 13	45
6	0 58 08	12 45 56	1 01	0 54	1 13	45
7	0 58 06	13 00 13	2 14	0 57	1 13	45
8	0 58 04	13 16 38	3 20	1 00	1 13	45
9	0 58 02	13 34 57	4 17	1 03	1 13	45
10	0 58 00	13 54 29	5 02	1 06	1 13	45
11	0 57 58	14 13 54	5 31	1 09	1 13	45
12	0 57 56	14 31 22	5 44	1 12	1 13	45
13	0 57 54	14 44 37	5 37	1 14	1 13	45
14	0 57 53	14 51 35	5 07	1 17	1 13	45
15	0 57 51	14 50 49	4 13	1 19	1 13	45
16	0 57 49	14 41 57	2 59	1 22	1 13	45
17	0 57 48	14 25 53	1 30	1 24	1 13	45
18	0 57 47	14 04 29	0 02	1 26	1 13	45
19	0 57 45	13 40 09	1 27	1 29	1 13	45
20	0 57 44	13 15 14	2 37	1 31	1 13	45
21	0 57 43	12 51 47	3 30	1 33	1 13	45
22	0 57 42	12 31 17	4 06	1 35	1 13	45
23	0 57 41	12 14 44	4 29	1 38	1 13	45
24	0 57 40	12 02 39	4 40	1 40	1 13	45
25	0 57 39	11 55 10	4 43	1 42	1 13	44
26	0 57 38	11 52 08	4 36	1 44	1 13	44
27	0 57 37	11 53 11	4 22	1 47	1 13	44
28	0 57 36	11 57 51	3 57	1 49	1 13	44
29	0 57 35	12 05 29	3 23	1 51	1 13	44
30	0 57 34	12 15 27	2 36	1 53	1 13	44
31	0 57 33	12 27 07	1 38	1 56	1 13	44

JUNE

D	☉ ° ′ ″	☽ ° ′ ″	☽Dec. ° ′	☿ ° ′	♀ ° ′	♂ ′
1	0 57 32	12 39 51	0 30	1 58	1 13	44
2	0 57 31	12 53 12	0 44	2 00	1 13	44
3	0 57 30	13 06 47	1 59	2 02	1 13	44
4	0 57 29	13 20 20	3 08	2 04	1 13	44
5	0 57 28	13 33 38	4 06	2 05	1 13	44
6	0 57 26	13 46 29	4 52	2 07	1 13	44
7	0 57 25	13 58 32	5 22	2 08	1 13	44
8	0 57 24	14 09 17	5 35	2 10	1 13	44
9	0 57 23	14 18 00	5 31	2 11	1 13	44
10	0 57 22	14 23 51	5 08	2 11	1 13	44
11	0 57 21	14 25 56	4 25	2 12	1 13	43
12	0 57 20	14 23 33	3 22	2 12	1 13	43
13	0 57 19	14 16 22	2 02	2 12	1 13	43
14	0 57 18	14 04 33	0 33	2 12	1 13	43
15	0 57 17	13 48 49	0 55	2 11	1 13	43
16	0 57 17	13 30 17	2 12	2 10	1 13	43
17	0 57 16	13 10 23	3 14	2 09	1 13	43
18	0 57 16	12 50 34	3 58	2 08	1 13	43
19	0 57 15	12 32 14	4 27	2 06	1 13	43
20	0 57 15	12 16 34	4 41	2 05	1 13	43
21	0 57 15	12 04 27	4 45	2 03	1 13	43
22	0 57 15	11 56 30	4 40	2 01	1 13	43
23	0 57 14	11 53 05	4 27	1 59	1 13	43
24	0 57 14	11 54 15	4 06	1 57	1 13	43
25	0 57 14	11 59 54	3 34	1 55	1 13	43
26	0 57 14	12 09 38	2 52	1 53	1 13	43
27	0 57 14	12 22 50	1 59	1 51	1 13	43
28	0 57 14	12 38 42	0 54	1 49	1 13	42
29	0 57 14	12 56 12	0 20	1 47	1 13	42
30	0 57 14	13 14 08	1 37	1 44	1 13	42

JULY

D	☉ ° ′ ″	☽ ° ′ ″	☽Dec. ° ′	☿ ° ′	♀ ° ′	♂ ′
1	0 57 14	13 31 18	2 51	1 42	1 13	42
2	0 57 14	13 46 31	3 56	1 40	1 13	42
3	0 57 13	13 58 52	4 46	1 38	1 13	42
4	0 57 13	14 07 49	5 20	1 36	1 13	42
5	0 57 13	14 13 11	5 36	1 34	1 13	42
6	0 57 13	14 15 10	5 33	1 31	1 13	42
7	0 57 12	14 14 13	5 12	1 29	1 13	42
8	0 57 12	14 10 48	4 33	1 27	1 13	42
9	0 57 12	14 05 20	3 35	1 25	1 14	42
10	0 57 12	13 58 04	2 23	1 22	1 14	42
11	0 57 12	13 49 05	1 00	1 20	1 14	42
12	0 57 12	13 38 23	0 25	1 18	1 14	42
13	0 57 12	13 26 02	1 45	1 15	1 14	42
14	0 57 12	13 12 14	2 52	1 13	1 14	41
15	0 57 12	12 57 23	3 43	1 10	1 14	41
16	0 57 13	12 42 11	4 18	1 07	1 14	41
17	0 57 13	12 27 28	4 39	1 05	1 14	41
18	0 57 14	12 14 14	4 47	1 02	1 14	41
19	0 57 14	12 03 25	4 44	0 59	1 14	41
20	0 57 15	11 55 55	4 33	0 56	1 14	41
21	0 57 16	11 52 26	4 13	0 53	1 14	41
22	0 57 16	11 53 31	3 45	0 50	1 14	41
23	0 57 17	11 59 28	3 07	0 46	1 14	41
24	0 57 18	12 10 18	2 18	0 43	1 14	41
25	0 57 19	12 25 45	1 18	0 39	1 14	41
26	0 57 20	12 45 07	0 09	0 35	1 14	41
27	0 57 21	13 07 16	1 07	0 31	1 14	41
28	0 57 22	13 30 35	2 24	0 27	1 14	41
29	0 57 23	13 53 01	3 35	0 23	1 14	41
30	0 57 23	14 12 23	4 35	0 18	1 14	40
31	0 57 24	14 26 40	5 17	0 13	1 14	40

AUGUST

D	☉ ° ′ ″	☽ ° ′ ″	☽Dec. ° ′	☿ ° ′	♀ ° ′	♂ ′
1	0 57 25	14 34 32	5 40	0 08	1 14	40
2	0 57 26	14 35 38	5 42	0 03	1 14	40
3	0 57 26	14 30 37	5 24	0 02	1 14	40
4	0 57 27	14 20 56	4 46	0 07	1 14	40
5	0 57 28	14 08 23	3 50	0 12	1 14	40
6	0 57 28	13 54 34	2 40	0 18	1 14	40
7	0 57 29	13 40 42	1 20	0 23	1 14	40
8	0 57 30	13 27 27	0 02	0 28	1 14	40
9	0 57 31	13 14 58	1 21	0 33	1 14	40
10	0 57 31	13 03 08	2 29	0 37	1 14	40
11	0 57 32	12 51 40	3 25	0 41	1 14	40
12	0 57 33	12 40 20	4 05	0 44	1 14	40
13	0 57 35	12 29 07	4 31	0 47	1 14	40
14	0 57 36	12 18 13	4 44	0 49	1 14	39
15	0 57 37	12 08 10	4 45	0 50	1 14	39
16	0 57 38	11 59 38	4 37	0 50	1 14	39
17	0 57 40	11 53 28	4 19	0 50	1 14	39
18	0 57 41	11 50 30	3 53	0 48	1 14	39
19	0 57 43	11 51 32	3 18	0 45	1 14	39
20	0 57 44	11 57 14	2 33	0 41	1 14	39
21	0 57 46	12 08 02	1 39	0 37	1 14	39
22	0 57 48	12 24 05	0 35	0 31	1 14	39
23	0 57 50	12 45 04	0 35	0 25	1 14	39
24	0 57 51	13 10 08	1 50	0 18	1 14	39
25	0 57 53	13 37 39	3 03	0 11	1 14	39
26	0 57 55	14 05 16	4 09	0 03	1 14	39
27	0 57 56	14 30 01	5 02	0 05	1 14	39
28	0 57 58	14 48 46	5 37	0 13	1 14	38
29	0 57 59	14 59 04	5 50	0 21	1 14	38
30	0 58 01	14 59 44	5 40	0 29	1 14	38
31	0 58 02	14 51 22	5 07	0 37	1 14	38

SEPTEMBER

D	☉ ° ′ ″	☽ ° ′ ″	☽Dec. ° ′	☿ ° ′	♀ ° ′	♂ ′
1	0 58 04	14 35 58	4 13	0 45	1 14	38
2	0 58 05	14 16 18	3 02	0 53	1 14	38
3	0 58 07	13 55 04	1 41	1 00	1 14	38
4	0 58 08	13 34 26	0 17	1 07	1 14	38
5	0 58 10	13 15 42	1 02	1 13	1 14	38
6	0 58 11	12 59 29	2 12	1 19	1 14	38
7	0 58 12	12 45 45	3 08	1 25	1 14	38
8	0 58 14	12 34 09	3 51	1 30	1 14	38
9	0 58 15	12 24 12	4 20	1 34	1 14	38
10	0 58 17	12 15 28	4 37	1 38	1 14	37
11	0 58 19	12 07 39	4 42	1 41	1 14	37
12	0 58 21	12 00 44	4 37	1 44	1 14	37
13	0 58 22	11 55 00	4 23	1 46	1 15	37
14	0 58 24	11 50 56	3 59	1 48	1 15	37
15	0 58 26	11 49 14	3 26	1 50	1 15	37
16	0 58 29	11 50 40	2 44	1 51	1 15	37
17	0 58 31	11 56 01	1 54	1 52	1 15	37
18	0 58 33	12 05 57	0 55	1 52	1 15	37
19	0 58 35	12 20 58	0 11	1 52	1 15	37
20	0 58 37	12 41 10	1 20	1 52	1 15	37
21	0 58 39	13 06 09	2 30	1 52	1 15	37
22	0 58 42	13 34 43	3 36	1 52	1 15	36
23	0 58 44	14 04 49	4 34	1 51	1 15	36
24	0 58 46	14 33 25	5 18	1 51	1 15	36
25	0 58 48	14 56 57	5 44	1 50	1 15	36
26	0 58 50	15 11 59	5 48	1 49	1 15	36
27	0 58 52	15 16 16	5 27	1 48	1 15	36
28	0 58 54	15 09 28	4 41	1 48	1 15	36
29	0 58 56	14 53 13	3 33	1 47	1 15	36
30	0 58 58	14 30 31	2 10	1 46	1 15	36

OCTOBER

D	☉ ° ′ ″	☽ ° ′ ″	☽Dec. ° ′	☿ ° ′	♀ ° ′	♂ ′
1	0 59 00	14 04 45	0 42	1 45	1 15	36
2	0 59 02	13 38 50	0 43	1 44	1 15	36
3	0 59 03	13 14 54	1 56	1 43	1 15	35
4	0 59 05	12 54 08	2 56	1 42	1 15	35
5	0 59 07	12 36 57	3 40	1 42	1 15	35
6	0 59 09	12 23 18	4 11	1 41	1 15	35
7	0 59 10	12 12 45	4 29	1 40	1 15	35
8	0 59 12	12 04 46	4 37	1 39	1 15	35
9	0 59 14	11 58 50	4 35	1 38	1 15	35
10	0 59 16	11 54 33	4 24	1 38	1 15	35
11	0 59 18	11 51 44	4 04	1 37	1 15	35
12	0 59 20	11 50 26	3 33	1 36	1 15	34
13	0 59 22	11 50 55	2 54	1 35	1 15	34
14	0 59 24	11 53 41	2 05	1 35	1 15	34
15	0 59 27	11 59 19	1 08	1 34	1 15	34
16	0 59 29	12 08 27	0 06	1 33	1 15	34
17	0 59 31	12 21 39	1 00	1 33	1 15	34
18	0 59 33	12 39 17	2 06	1 32	1 15	34
19	0 59 36	13 01 17	3 09	1 32	1 15	34
20	0 59 38	13 27 03	4 05	1 31	1 15	34
21	0 59 40	13 55 09	4 51	1 30	1 15	33
22	0 59 42	14 23 17	5 24	1 30	1 15	33
23	0 59 45	14 48 22	5 40	1 29	1 15	33
24	0 59 47	15 06 59	5 34	1 28	1 15	33
25	0 59 49	15 16 17	5 03	1 28	1 15	33
26	0 59 51	15 14 46	4 07	1 27	1 15	33
27	0 59 53	15 02 51	2 49	1 26	1 15	33
28	0 59 55	14 42 35	1 18	1 26	1 15	32
29	0 59 57	14 17 01	0 14	1 25	1 15	32
30	0 59 58	13 49 23	1 37	1 24	1 15	32
31	1 00 00	13 22 20	2 43	1 24	1 15	32

NOVEMBER

D	☉ ° ′ ″	☽ ° ′ ″	☽Dec. ° ′	☿ ° ′	♀ ° ′	♂ ′
1	1 00 02	12 57 49	3 33	1 23	1 15	32
2	1 00 03	12 36 57	4 06	1 22	1 15	32
3	1 00 05	12 20 13	4 26	1 21	1 15	32
4	1 00 06	12 07 38	4 35	1 20	1 15	31
5	1 00 08	11 58 52	4 34	1 19	1 15	31
6	1 00 09	11 53 30	4 25	1 17	1 15	31
7	1 00 11	11 50 59	4 07	1 16	1 15	31
8	1 00 13	11 50 52	3 40	1 14	1 15	31
9	1 00 14	11 52 46	3 03	1 13	1 15	31
10	1 00 16	11 56 29	2 17	1 11	1 15	30
11	1 00 18	12 01 57	1 22	1 08	1 15	30
12	1 00 20	12 09 19	0 20	1 06	1 15	30
13	1 00 22	12 18 50	0 46	1 03	1 15	30
14	1 00 23	12 30 50	1 51	1 00	1 15	30
15	1 00 25	12 45 35	2 52	0 57	1 15	29
16	1 00 27	13 03 10	3 46	0 53	1 15	29
17	1 00 29	13 23 23	4 30	0 48	1 14	29
18	1 00 31	13 45 29	5 04	0 43	1 14	29
19	1 00 32	14 08 08	5 23	0 37	1 14	29
20	1 00 34	14 29 24	5 26	0 31	1 14	28
21	1 00 36	14 46 54	5 09	0 24	1 14	28
22	1 00 38	14 58 14	4 28	0 16	1 14	28
23	1 00 39	15 01 31	3 24	0 07	1 14	28
24	1 00 41	14 56 00	2 00	0 02	1 14	28
25	1 00 42	14 42 11	0 26	0 12	1 14	27
26	1 00 44	14 21 47	1 05	0 23	1 14	27
27	1 00 45	13 57 11	2 23	0 33	1 14	27
28	1 00 46	13 30 58	3 22	0 44	1 14	27
29	1 00 47	13 05 27	4 03	0 55	1 14	26
30	1 00 48	12 42 25	4 27	1 04	1 14	26

DECEMBER

D	☉ ° ′ ″	☽ ° ′ ″	☽Dec. ° ′	☿ ° ′	♀ ° ′	♂ ′
1	1 00 49	12 23 03	4 37	1 12	1 14	26
2	1 00 50	12 08 01	4 38	1 18	1 14	26
3	1 00 51	11 57 34	4 29	1 22	1 14	25
4	1 00 51	11 51 36	4 13	1 23	1 14	25
5	1 00 52	11 49 47	3 48	1 21	1 14	25
6	1 00 53	11 51 41	3 14	1 16	1 14	24
7	1 00 54	11 56 43	2 31	1 09	1 14	24
8	1 00 55	12 04 18	1 38	1 00	1 14	24
9	1 00 56	12 13 52	0 37	0 50	1 14	24
10	1 00 57	12 24 52	0 29	0 39	1 14	23
11	1 00 58	12 36 56	1 36	0 28	1 14	23
12	1 00 59	12 49 43	2 40	0 17	1 14	23
13	1 01 00	13 03 04	3 35	0 06	1 14	22
14	1 01 00	13 16 51	4 20	0 04	1 14	22
15	1 01 01	13 30 58	4 53	0 14	1 14	22
16	1 01 02	13 45 12	5 13	0 22	1 14	21
17	1 01 03	13 59 10	5 17	0 30	1 14	21
18	1 01 04	14 12 10	5 05	0 37	1 14	20
19	1 01 05	14 23 14	4 34	0 43	1 14	20
20	1 01 06	14 31 10	3 43	0 49	1 14	20
21	1 01 07	14 34 42	2 32	0 54	1 14	19
22	1 01 08	14 32 49	1 06	0 58	1 14	19
23	1 01 08	14 25 01	0 25	1 02	1 14	18
24	1 01 09	14 11 29	1 50	1 05	1 14	18
25	1 01 09	13 53 13	3 01	1 08	1 14	18
26	1 01 09	13 31 46	3 52	1 11	1 14	17
27	1 01 09	13 09 02	4 24	1 13	1 14	17
28	1 01 09	12 46 53	4 40	1 15	1 14	16
29	1 01 09	12 27 00	4 44	1 17	1 14	16
30	1 01 09	12 10 38	4 37	1 18	1 14	15
31	1 01 09	11 58 41	4 21	1 20	1 14	15

JANUARY

Day	Time	Aspect	
1	01 21	☽♐	
Sa	02 30	☽∥☉	G
	03 55	☽∥♂	B
	04 19	☽∠♄	b
	07 48	☽∠♂	b
	10 53	☽⚺♇	g
	21 13	☽⚺☉	g
2	07 21	☽⚹♄	G
Su	12 30	☽⚺♂	g
	13 05	☉∠♆	
	14 02	☽☌☿	G
	16 51	♃⚺♆	
	23 19	☽⚺♀	g
3	01 45	☽⚹♆	G
Mo	01 49	☽□♃	B
	02 08	☽□♅	B
	07 39	☽♑	
	17 42	☽☌♇	D
	20 47	☽∥♂	B
	21 36	☽∥☉	G
4	04 01	♂⊥♆	
Tu	05 24	☽∠♀	b
	05 38	☽∠♆	b
	08 27	♀□♆	
	09 03	☽ • ●	D
	12 53	♃☌♅	
	13 33	♀△♅	
	13 39	♀△♃	
	15 00	☽□♄	B
	17 49	☽∥☿	G
	23 49	☽☌♂	B
5	00 26	☽⚺☿	g
We	08 58	☽∥♇	D
	10 07	☽⚺♆	g
	10 30	☽⚹♅	G
	10 42	☽⚹♃	G
	12 15	☽⚹♀	G
	16 08	☽♒	
	18 37	☉Q♅	
	22 40	☉Q♃	
6	01 01	☽∥♀	G
Th	02 46	☽⚺♇	g
	07 05	☽∠☿	b
	15 34	☽∠♅	b
	16 04	☽∠♃	b
	20 57	☽∥♆	D
	23 50	☽⚺☉	g
7	00 59	☽△♄	G
Fr	01 47	♀⊥♇	
	08 12	☽∠♇	b
	12 30	♀♐	
	13 59	☽⚺♂	g
	14 00	☉□♄	
	14 43	☽⚹☿	G
	20 51	☽☌♆	D
	21 13	☽⚺♅	g
	22 02	☽⚺♃	g
8	02 57	☽♓	
Sa	04 16	☽□♀	B
	06 49	☽⚼♄	b
	08 20	☽∠☉	b
	14 09	☽⚹♇	G
	17 36	☽∥♄	B
	22 01	☽∠♂	b
9	05 20	☽∥♃	G
Su	06 31	☽∥♅	B
	11 05	♀∠♄	

Day	Time	Aspect	
	17 20	☽⚹☉	G
10	00 15	☽#♅	B
Mo	01 13	☽#♃	G
	06 25	☽⚹♂	G
	08 20	☽□☿	B
	09 21	☽⚺♆	g
	09 43	☽☌♅	B
	11 12	☽☌♃	G
	13 22	☽#♄	B
	15 24	☽♈	
	20 00	☉∥☿	
	20 03	☿⚹♆	
	22 27	☽△♀	G
	23 05	☿∥♂	
11	00 13	☿□♅	
Tu	02 54	☽□♇	B
	15 32	☉⊥♆	
	15 45	☽∠♆	b
	20 37	☿□♃	
12	01 47	☽☍♄	B
We	04 47	♂⚺♆	
	07 33	☽⚼♀	b
	10 24	☽#♆	D
	10 30	♂⚹♅	
	11 31	☽□☉	B
	16 00	☿Q♄	
	21 52	☽⚹♆	G
	22 13	☽⚺♅	g
	23 00	☽□♂	B
13	00 19	☽⚺♃	g
Th	02 47	☽△☿	G
	02 54	♀⚺♇	
	03 37	☽♉	
	11 25	☿♑	
	14 59	☽△♇	G
	15 22	♃∥♅	
	17 58	☽#♀	G
	23 35	☽#♇	D
14	00 35	♂⚹♃	
Fr	03 44	☽∠♅	b
	06 06	☽∠♃	b
	11 11	☽⚼☿	b
	19 20	☽#☉	G
	20 04	☽⚼♇	b
	20 10	☽#♂	B
15	03 16	☽△☉	G
Sa	08 06	☽□♆	B
	08 25	☽⚹♅	G
	09 34	☽#☿	G
	11 01	☽⚹♃	G
	12 47	☽△♂	G
	13 23	☽♊	
	17 20	☽⚼♄	b
	22 41	♂♒	
16	06 08	☽☍♀	B
Su	09 28	☽⚼☉	b
	18 02	☽⚼♂	b
	20 46	☽△♄	G
17	14 41	☽△♆	G
Mo	14 59	☽□♅	B
	17 39	☉⚺♆	
	17 57	☽□♃	B
	19 29	☽♋	
	21 56	☉⚹♅	
	21 59	♀∥♇	
18	05 45	☽☍☿	B
Tu	05 45	☽☍♇	B
	05 50	☿☌♇	
	06 45	☽#☿	G

Day	Time	Aspect	
	16 37	☽⚼♆	b
19	00 53	☽□♄	B
We	04 01	☽#♂	B
	05 37	☽#☉	G
	14 19	☽#♀	G
	16 10	☽#♇	D
	18 08	☽△♅	G
	18 41	☽⚼♀	b
	21 21	☽☍☉	B
	21 26	☽△♃	G
	22 16	☽☊	
	22 39	☉⚹♃	
20	03 42	☽☍♂	B
Th	10 18	☉♒	
	18 50	☽⚼♅	b
	21 17	☽△♀	G
	22 19	☽⚼♃	b
	23 25	☽#♆	D
21	02 25	☽⚹♄	G
Fr	08 40	☽⚼♇	b
	15 55	☽⚼☿	b
	18 57	☽☍♆	B
	23 10	☽♍	
22	02 45	☽∠♄	b
Sa	03 34	♀Q♆	
	09 00	☽△♇	G
	11 01	☽#♄	B
	17 11	♃♈	
	18 34	☉∥♀	
	18 43	☽△☿	G
	22 20	☽#♅	B
23	00 29	☽#♃	G
Su	01 10	☿∠♆	
	01 47	☽□♀	B
	03 05	☽⚺♄	g
	04 00	☽⚼☉	b
	08 55	☽∥♃	G
	08 57	☽⚼♂	b
	11 09	☽∥♅	B
	18 08	♀∥♂	
	18 16	♂⚺♇	
	19 19	♀⚹♄	
	20 08	☽☍♅	B
	22 37	☽∥♄	B
	23 59	☽♎	
24	00 22	☽☍♃	B
Mo	06 25	☽△☉	G
	10 07	☽□♇	B
	10 59	☽△♂	G
	20 41	☽⚼♆	b
25	01 19	☽□☿	B
Tu	04 35	☽☌♄	B
	07 22	☽⚹♀	G
	08 45	☿Q♅	
	11 03	☽∥♆	D
	22 03	☽△♆	G
26	02 15	☽♏	
We	03 49	☉∥♇	
	06 10	♄ Stat	
	09 58	☿□♄	
	11 07	☽∠♀	b
	12 55	☉⚺♇	
	12 57	☽⚹♇	G
	12 57	☽□☉	B
	16 48	☽□♂	B
	19 05	☽∥☉	G
	20 07	☽∥♇	D
	22 17	☽∥♂	B
27	00 23	☽⚼♅	b

Day	Time	Aspect	
Th	05 44	☽⚼♃	b
	06 05	☽∥♀	G
	08 11	☽⚺♄	g
	10 50	☽⚹☿	G
	13 34	☿Q♃	
	15 17	☽∠♇	b
	15 41	☽⚺♀	g
28	02 39	☽□♆	B
Fr	03 01	☽△♅	G
	06 30	☽∥☿	G
	06 55	☽♐	
	08 48	☽△♃	G
	10 55	☽∠♄	b
	12 15	♂∥♇	
	16 59	☽∠☿	b
	18 16	☽⚺♇	g
	22 35	☽⚹☉	G
29	01 34	☽⚹♂	G
Sa	10 45	☿⊥♆	
	14 17	☽⚹♄	G
30	00 03	☽⚺☿	g
Su	03 18	☽☌♀	G
	04 34	☽∠☉	b
	07 04	☽∠♂	b
	09 46	☽⚹♆	G
	10 10	☽□♅	B
	14 04	☽♑	
	16 53	☽□♃	B
31	02 02	☽☌♇	D
Mo	08 36	☽∥☿	G
	11 16	☽⚺☉	g
	13 13	☽⚺♂	g
	14 11	☽∠♆	b
	17 08	♂⊥♇	
	22 40	☽□♄	B

FEBRUARY

Day	Time	Aspect	
1	01 10	☽∥♀	G
Tu	12 35	♂∠♅	
	15 10	☉⊥♇	
	16 18	☽∥♇	D
	16 41	☽☌☿	G
	17 52	☽⚺♀	g
	19 05	☽⚺♆	g
	19 32	☽⚹♅	G
	23 03	☽∥♂	B
	23 21	☽♒	
2	03 12	☽⚹♃	G
We	05 12	☽∥☉	G
	06 21	☉∠♅	
	07 35	♀⚹♆	
	11 52	☽⚺♇	g
	12 27	☿⚺♆	
	12 47	♀□♅	
	16 15	☿⚹♅	
3	00 54	☽∠♅	b
Th	01 27	☿⚺♀	
	02 05	☽∠♀	b
	02 31	☽☌☉	D
	03 16	☽☌♂	B
	06 24	☽∥♆	D
	08 57	☽△♄	G
	09 04	☽∠♃	b
	12 17	♀Q♄	
	17 27	☽∠♇	b
	22 19	☿♒	
4	05 58	♀♑	
Fr	06 11	☽☌♆	D
	06 41	☽⚺♅	g
	10 24	☽♓	
	10 51	☽⚹♀	G
	12 12	☽⚺☿	g
	14 41	☽⚼♄	b
	15 21	☽⚺♃	g
	16 40	☉☌♂	
	17 07	♀∠♂	
	17 5[illegible]	☉∠♀	
	23 24	☽⚹♇	G
5	01 41	☽∥♄	B
Sa	15 30	☿⚹♃	
	16 29	☽∥♅	B
	19 15	☽⚺♂	g
	19 48	☽⚺☉	g
	22 50	☽∠☿	b
	23 08	☽#♃	G
	23 27	☽∥♃	G
6	01 23	☿∥♀	
Su	06 03	☽#♅	B
	06 40	☉△♄	
	17 16	♂△♄	
	18 40	☽⚺♆	g
	19 13	☽☌♅	B
	19 39	♀□♃	
	20 55	☽#♄	B
	22 45	☽♈	
7	03 15	☉∠♃	
Mo	03 44	☽∠♂	b
	04 50	☽☌♃	G
	04 57	☽∠☉	b
	05 38	☽□♀	B
	09 52	☽⚹☿	G
	12 05	☽□♇	B
8	01 09	☽∠♆	b
Tu	01 53	♂∠♃	
	02 33	☿⚺♇	
	09 20	☽☍♄	B
	12 16	☽⚹♂	G
	14 09	☽⚹☉	G
	16 54	☽#♆	D
9	05 44	☽#☉	G
We	07 31	☽⚹♆	G
	08 06	☽⚺♅	g
	11 22	☽♉	
	13 40	☽#♂	B
	18 27	☽⚺♃	g
10	00 32	☽△♀	G
Th	00 40	☽△♇	G
	01 52	♀☌♇	
	07 40	☽□☿	B
	08 40	☽#♇	D
	13 41	☽#☿	G
	14 06	☽∠♅	b
	18 30	☉∠♇	
11	00 39	☽∠♃	b
Fr	04 13	☽□♂	B
	04 15	☽#♀	G
	06 17	☽⚼♇	b
	07 18	☽□☉	B
	09 07	☽⚼♀	b
	13 42	☉⊥♅	
	18 50	☽□♆	B
	19 27	☽⚹♅	G
	20 27	☿⊥♇	
	22 20	☽♊	
12	02 07	☽⚼♄	b
Sa	02 46	☿∥♇	
	06 04	☽⚹♃	G
	08 17	☿∠♅	

Day	h m	Aspect	
	13 25	♂∠♇	
13 Su	00 03	♃⊥♆	
	02 08	☽△☿	G
	06 10	☽△♄	G
	15 39	♂⊥♅	
	16 32	☽△♂	G
	20 28	☽△☉	G
14 Mo	02 42	☽△♆	G
	03 19	☽□♅	B
	05 48	☽♋	
	08 48	☿△♄	
	09 15	☽⚼☿	b
	13 52	☽□♃	B
	17 46	☽☍♇	B
	20 51	☽⚼♂	b
15 Tu	01 06	☽⚼☉	b
	03 42	☽☍♀	B
	05 04	☽⚼♆	b
	11 04	☽#♀	G
	11 11	☽□♄	B
	15 14	☿⊥♀	
	20 44	♀∠♆	
16 We	01 13	☉∥♆	
	02 48	☿∠♃	
	02 59	☽#♇	D
	07 06	☽△♅	G
	09 14	☽♌	
	15 59	☽#☿	G
	17 30	☽△♃	G
17 Th	04 28	☽#♂	B
	06 03	☿∠♇	
	07 43	☽⚼♅	b
	09 56	☉☌♆	
	11 53	☽#♆	D
	12 35	☽⚹♄	G
	14 13	☽#☉	G
	18 07	☽⚼♃	b
	19 11	☿⊥♅	
	19 39	☉⊻♅	
	20 42	☽⚼♇	b
	22 35	☽☍☿	B
18 Fr	03 30	☽☍♂	B
	07 08	☽☍♆	B
	08 36	☽☍☉	B
	09 39	☽♍	
	09 41	☉⊥♃	
	11 50	☽⚼♀	b
	12 25	☽∠♄	b
	14 09	♃#♅	
	19 21	♀□♄	
	20 31	☽△♇	G
	21 31	♀Q♅	
	22 38	☽#♄	B
19 Sa	00 25	☉♓	
	10 10	☽∥♃	G
	10 32	☽#♅	B
	12 01	☽⊻♄	g
	13 27	☽△♀	G
	19 03	☽∥♅	B
	19 35	☽#♃	G
20 Su	06 55	☽∥♄	B
	07 18	☽☍♅	B
	09 01	☽♎	
	16 02	☉⚼♄	
	18 23	☽☍♃	B
	20 02	☽□♇	B
	22 44	☿☌♂	
21 Mo	01 07	☿☌♆	
	04 17	♂☌♆	

Day	h m	Aspect	
	06 37	☽⚼♆	b
	06 44	☽⚼♂	b
	07 10	☿⊻♅	
	07 21	☽⚼☿	b
	09 47	☽∥☉	G
	11 37	☽☌♄	B
	13 06	☽⚼☉	b
	17 18	☽□♀	B
	17 58	☽∥♆	D
	18 36	♂⊻♅	
	19 44	☽∥♂	B
	20 53	☿♓	
	22 13	☽∥☿	G
	23 06	☿⊥♃	
22 Tu	07 07	☽△♆	G
	08 35	☽△♂	G
	09 29	☽♏	
	11 16	☽△☿	G
	15 33	☽△☉	G
	17 45	☿⚼♄	
	21 06	☽⚹♇	G
23 We	01 06	♂♓	
	03 48	☽∥♇	D
	06 06	♂∥♆	
	06 37	☿∥♆	
	06 56	☿∥♂	
	09 08	☽⚼♅	b
	13 19	☽⊻♄	g
	14 44	☽∥♀	G
	18 22	♂⊥♃	
	20 14	♀⊥♆	
	22 04	☽⚼♃	b
	22 45	☽∠♇	b
24 Th	00 10	☽⚹♀	G
	10 22	☽□♆	B
	11 14	☽△♅	G
	12 46	☽♐	
	14 58	☽□♂	B
	15 23	☽∠♄	b
	21 44	♂⚼♄	
	22 45	☽□☿	B
	23 26	☽□☉	B
25 Fr	00 58	☽△♃	G
	01 16	☽⊻♇	g
	05 16	☽∠♀	b
	08 48	☉☌☿	
	16 39	☿⊻♃	
	17 06	☿⚹♇	
	18 20	☽⚹♄	G
	20 40	♃□♇	
	21 49	♀Q♃	
26 Sa	00 17	☉⚹♇	
	01 14	☉⊻♃	
	11 31	☽⊻♀	g
	17 09	☽⚹♆	G
	18 08	☽□♅	B
	19 32	☽♑	
27 Su	01 31	☽⚹♂	G
	08 54	☽☌♇	D
	09 30	☽□♃	B
	11 26	☿±♄	
	11 40	☽⚹☉	G
	15 48	☽⚹☿	G
	21 44	☽∠♆	b
28 Mo	02 36	☽□♄	B
	08 09	☽∠♂	b
	15 13	☽∥♀	G
	19 09	☽∠☉	b
	21 36	☽∥♇	D

MARCH

Day	h m	Aspect	
1 Tu	00 47	♀⊥♂	
	02 05	☽∠☿	b
	02 45	♀⊻♆	
	02 56	☽⊻♆	g
	02 57	☽☌♀	G
	04 03	☽⚹♅	G
	04 46	☉±♄	
	05 14	☽♒	
	13 37	☉∥☿	
	14 49	♀⚹♅	
	15 27	☿∠♀	
	15 29	☽⊻♂	g
	19 15	☽⊻♇	g
	20 53	☽⚹♃	G
2 We	02 39	♀♒	
	03 17	☽⊻☉	g
	09 47	☽∠♅	b
	13 03	☿∇♄	
	13 10	☽△♄	G
	13 12	☽⊻☿	g
	14 21	☽∥♆	D
3 Th	01 04	☽∠♇	b
	02 13	☽∥♂	B
	03 16	☽∠♃	b
	14 36	☽☌♆	D
	15 50	☽⊻♅	g
	16 47	☽♓	
	18 59	☽⚼♄	b
	20 18	☽∥☉	G
	20 57	☽⊻♀	g
4 Fr	02 26	☿Q♇	
	02 52	♂⚹♇	
	02 59	☽∥☿	G
	07 10	☽⚹♇	G
	07 28	☽☌♂	B
	09 55	☽⊻♃	g
	10 53	☽∥♄	B
	18 07	☽#♃	G
	20 46	☽☌☉	D
5 Sa	00 13	♀∥♇	
	02 07	☽∥♅	B
	06 28	☽∠♀	b
	10 07	☽#♅	B
	12 56	☽☌☿	G
	18 38	☽∥♃	G
	22 22	☿∥♄	
6 Su	00 48	☽#☿	G
	01 14	☽#♄	B
	03 14	☽⊻♆	g
	04 34	☽☌♅	B
	05 14	☽♈	
	10 58	☽#☉	G
	11 03	♂⊻♃	
	16 09	☽⚹♀	G
	19 49	☽□♇	B
	20 26	☉∇♄	
	23 43	☽☌♃	G
7 Mo	00 21	☽⊻♂	g
	03 59	☽#♂	B
	05 37	☿#♃	
	09 40	☽∠♆	b
	13 13	♂±♄	
	13 21	☽☍♄	B
	15 00	☽⊻☉	g
	22 19	☽#♆	D
8 Tu	05 23	♀⊻♇	
	08 50	☽∠♂	b

Day	h m	Aspect	
	13 19	☽⊻☿	g
	16 04	☽⚹♆	G
	17 29	☽⊻♅	g
	17 52	☽♉	
9 We	00 02	☽∠☉	b
	06 44	☿⊻♆	
	08 02	☿∥♅	
	08 27	☽△♇	G
	09 14	☽#♀	G
	11 23	☽□♀	B
	13 25	☽⊻♃	g
	16 05	☿☌♅	
	16 41	☽#♇	D
	17 05	☽⚹♂	G
	17 47	☿♈	
	23 41	☽∠♅	b
10 Th	01 03	☽∠☿	b
	04 53	☉Q♇	
	08 43	☽⚹☉	G
	12 25	♀⚹♃	
	14 21	☽⚼♇	b
	19 47	☽∠♃	b
	20 14	☿#♅	
11 Fr	03 57	☽□♆	B
	05 26	☽⚹♅	G
	05 31	☽♊	
	06 45	☽⚼♄	b
	11 55	☽⚹☿	G
	17 28	☉∥♄	
12 Sa	00 49	♅♈	
	01 31	☽⚹♃	G
	04 38	☽△♀	G
	07 51	☽□♂	B
	11 30	☽△♄	G
	13 37	☿⊥♆	
	23 03	☉#♃	
	23 45	☽□☉	B
13 Su	08 06	♀⊥♇	
	09 36	☉#☿	
	11 43	☽⚼♀	b
	13 10	☽△♆	G
	14 29	☽♋	
	14 39	☽□♅	B
	16 04	☿∥♃	
	17 32	☿□♇	
14 Mo	01 39	☿#♄	
	03 50	☽☍♇	B
	05 22	☽□☿	B
	10 13	☽□♃	B
	13 54	♂∇♄	
	16 20	☽⚼♆	b
	18 14	☽□♄	B
	18 32	☽△♂	G
	21 16	♀∠♅	
15 Tu	01 34	♀△♄	
	10 05	☽△☉	G
	12 10	☽#♇	D
	19 33	☽♌	
	19 55	☽△♅	G
	22 02	☽⚼♂	b
16 We	01 26	☿☌♃	
	02 10	♀⊻♂	
	05 21	☽#♀	G
	13 22	☽⚼☉	b
	14 41	☽△♃	G
	15 26	♃#♄	
	16 05	☽△☿	G
	21 01	☽⚹♄	G
	21 04	☽⚼♅	b

Day	h m	Aspect	
	21 23	☿#♂	
	23 55	☽#♆	D
17 Th	01 05	☽☍♀	B
	08 37	☽⚼♇	b
	15 31	☽⚼♃	b
	19 16	☽⚼☿	b
	19 58	☽☍♆	B
	20 53	☽♍	
	21 10	☽∠♄	b
	23 01	☽∥☿	G
18 Fr	02 32	☿∠♆	
	04 05	☽#♂	B
	08 37	☽△♇	G
	11 41	☽∥♃	G
	12 35	☽#♄	B
	13 55	☿☍♄	
	20 46	☽⊻♄	g
	23 01	☽#☉	G
19 Sa	00 13	☽#♅	B
	02 50	☽☍♂	B
	04 01	☽∥♅	B
	04 51	☽∥☉	G
	15 28	☽∥♄	B
	15 37	♂Q♇	
	16 57	☽#♃	G
	18 10	☽☍☉	B
	18 41	☉∥♅	
	20 03	☽♎	
	20 45	☽☍♅	B
	21 51	☽∥♂	B
20 Su	06 20	☽⚼♀	b
	07 36	☽□♇	B
	11 47	☉⊻♆	
	12 35	☽#☿	G
	15 22	☽☍♃	B
	18 47	☽⚼♆	b
	19 27	☽☌♄	B
	22 53	♀∠♇	
	23 21	☉♈	
21 Mo	00 47	☽☍☿	B
	03 20	☽∥♆	D
	07 54	☽△♀	G
	12 24	☉☌♅	
	12 55	☽∥♀	G
	18 35	☽△♆	G
	19 17	☽♏	
22 Tu	00 55	☉#♅	
	05 37	☽⚼♂	b
	07 14	☽⚹♇	G
	14 01	☽∥♇	D
	19 05	♀⊥♅	
	19 19	☽⊻♄	g
	20 38	☽⚼♅	b
	21 48	♂#♃	
	22 52	☽⚼☉	b
23 We	07 42	☽△♂	G
	07 57	☽∠♇	b
	13 08	☽□♀	B
	17 31	☽⚼♃	b
	20 08	☽□♆	B
	20 18	☽∠♄	b
	20 45	☽♐	
	21 54	☽△♅	G
24 Th	02 03	☽△☉	G
	08 16	☽⚼☿	b
	09 34	☽⊻♇	g
	19 30	♄⚼♆	
	19 57	☽△♃	G
	22 14	☽⚹♄	G

Day	Time	Aspect	
25 Fr	12 23	☽△☿	G
	15 08	☽□♂	B
	15 12	♂∥♄	
	23 02	☽⚹♀	G
26 Sa	01 25	☽⚹♆	G
	01 57	☽♑	
	03 26	☽□♅	B
	04 52	♀∠♃	
	12 07	☽□☉	B
	15 48	☽☌♇	D
	17 58	☉⊥♆	
	21 03	♀⚼♄	
27 Su	01 39	♀☌♆	
	04 01	☽□♃	B
	05 04	☽□♄	B
	05 34	☽∠♆	b
	05 58	☽∠♀	b
	06 53	♀♓	
	10 43	♀∥♆	
	12 19	☿#♀	
	14 28	☿#♆	
	14 47	☉#♂	
	23 00	☽□☿	B
28 Mo	01 07	♀⊻♅	
	01 59	☽∥♇	D
	03 17	☽⚹♂	G
	10 34	☽⊻♆	g
	11 00	☽♒	
	12 13	☉□♇	
	12 33	☉⊥♀	
	12 50	☽⚹♅	G
	14 03	☽⊻♀	g
	21 55	♃☍♄	
	22 55	☉#♄	
29 Tu	01 41	☽⊻♇	g
	02 52	☽⚹☉	G
	10 46	☽∠♂	b
	15 12	☽△♄	G
	15 40	☽⚹♃	G
	18 36	☽#☿	G
	18 37	☽∠♅	b
	21 02	☽∥♆	D
30 We	02 39	☽∥♀	G
	07 32	☽∠♇	b
	11 16	☽⚹☿	G
	11 25	☽∠☉	b
	18 50	☽⊻♂	g
	20 48	☿ Stat	
	21 01	☽⚼♄	b
	22 19	☽∠♃	b
	22 21	☽☌♆	D
	22 38	☽♓	
31 Th	00 41	♃∠♆	
	00 49	☽⊻♅	g
	08 29	☽☌♀	G
	11 01	☽#♃	G
	13 44	☽⚹♇	G
	14 44	☽#☉	G
	17 25	☽∠☿	b
	20 22	☽⊻☉	g
	20 28	☽∥♄	B
APRIL			
1 Fr	05 13	☽⊻♃	g
	06 06	☽∥♂	B
	10 59	☽∥♅	B
	12 51	☽#♅	B
	17 02	☽#♂	B
	23 19	☽⊻☿	g

Day	Time	Aspect	
2 Sa	02 36	♂⊻♆	
	03 12	☽#♄	B
	04 51	♂♈	
	11 08	☽⊻♆	g
	11 16	☽♈	
	11 43	☽☌♂	B
	12 30	♀⚹♇	
	12 59	☽∥☉	G
	13 45	☽☌♅	B
	13 55	☽∥♃	G
	21 52	♀±♄	
3 Su	02 26	☽□♇	B
	03 37	☉∥♃	
	03 59	☽⊻♀	g
	10 50	☿∠♀	
	11 47	☽#♀	G
	14 32	☽☌☉	D
	15 22	☽☍♄	B
	17 32	☽∠♆	b
	19 08	☽☌♃	G
	20 52	♂☌♅	
	23 56	☉☍♄	
4 Mo	02 57	☽#♆	D
	03 39	☽∥☿	G
	10 04	☽☌☿	G
	12 58	♂∥♅	
	13 39	☽∠♀	b
	13 40	♀⊥♃	
	13 50	♆♓	
	15 18	☿#♆	
	23 46	☽♉	
	23 47	☽⚹♆	G
5 Tu	02 30	☽⊻♅	g
	03 36	☉∠♆	
	04 25	☽⊻♂	g
	05 29	♂#♅	
	14 47	☽△♇	G
	23 02	☽⚹♀	G
	23 30	☽#♇	D
6 We	08 05	☽⊻☉	g
	08 30	☽⊻♃	g
	08 35	☽∠♅	b
	12 24	☽∠♂	b
	14 40	☉☌♃	
	19 13	☽⊻☿	g
	20 36	☽⚼♇	b
7 Th	08 39	☽⚼♄	b
	11 21	☽♊	
	11 31	☽□♆	B
	14 09	♀∇♄	
	14 19	☽⚹♅	G
	14 41	☽∠♃	b
	16 16	☽∠☉	b
	19 56	☽⚹♂	G
	23 05	☽∠☿	b
8 Fr	09 52	☉#♀	
	10 50	☿⊥♀	
	13 40	☽△♄	G
	16 21	☽□♀	B
	20 21	☽⚹♃	G
	23 48	☽⚹☉	G
9 Sa	02 24	☽⚹☿	G
	08 52	♇ Stat	
	19 36	☉☌☿	
	21 02	☽♋	
	21 19	☽△♆	G
10 Su	00 06	☽□♅	B
	02 52	♂⊥♆	
	08 52	☽□♂	B

Day	Time	Aspect	
	11 01	☽☍♇	B
	19 06	♀⊻♃	
	21 45	☽□♄	B
11 Mo	01 06	☽⚼♆	b
	05 26	☽□♃	B
	06 03	♀#♃	
	06 15	☽△♀	G
	07 03	☽□☿	B
	11 53	☿⊻♀	
	12 05	☽□☉	B
	18 27	☽#♇	D
	20 41	♂□♇	
12 Tu	03 37	☽♌	
	03 59	☿☌♃	
	06 43	☽△♅	G
	08 15	☉∥☿	
	11 30	☽⚼♀	b
	11 37	♀Q♇	
	17 54	☽△♂	G
13 We	02 28	☽⚹♄	G
	08 40	☽⚼♅	b
	08 48	☽△☿	G
	09 25	☽#♆	D
	10 43	♂#♄	
	10 50	☽△♃	G
	18 13	☽⚼♇	b
	19 58	☽△☉	G
	20 49	☽⚼♂	b
	21 54	☽∥☉	G
14 Th	03 32	☽∠♄	b
	04 42	☽∥☿	G
	06 40	☽♍	
	07 07	☽☍♆	B
	08 40	☽⚼☿	b
	10 53	☽∥♃	G
	12 12	☽⚼♃	b
	18 44	☽#♀	G
	18 57	☽△♇	G
	22 24	☽⚼☉	b
	23 35	☽∥♂	B
15 Fr	01 43	☽#♄	B
	03 53	☽⊻♄	g
	11 51	☽∥♅	B
	12 50	☽#♅	B
	18 24	☿∠♆	
	20 49	☽☍♀	B
	22 47	☽∥♄	B
16 Sa	02 23	☽#♂	B
	03 15	☽∥♀	G
	06 59	☽♎	
	09 44	♀#♂	
	10 07	☽☍♅	B
	14 08	☽#♃	G
	14 21	☽#☿	G
	16 33	☿∥♃	
	18 49	☽□♇	B
17 Su	01 09	☽☍♂	B
	03 17	☽☌♄	B
	05 49	☽☍☿	B
	06 57	☽#☉	G
	07 10	☽⚼♆	b
	13 05	☽☍♃	B
	13 21	☽∥♆	D
18 Mo	02 44	☽☍☉	B
	06 19	☽♏	
	06 54	☽△♆	G
	16 02	♂☍♄	
	17 36	♀∥♄	
	18 13	☽⚹♇	G

Day	Time	Aspect	
19 Tu	01 21	☽∥♇	D
	02 15	☽⚼♀	b
	02 38	☽⊻♄	g
	09 46	☽⚼♅	b
	14 58	☿☌♂	
	18 26	☽∠♇	b
20 We	02 57	☽∠♄	b
	04 04	☽⚼☿	b
	04 53	☽△♀	G
	05 05	☽⚼♂	b
	06 50	☽♐	
	07 30	☽□♆	B
	10 17	☉♉	
	10 29	☽△♅	G
	12 30	☿∥♂	
	14 53	☽⚼♃	b
	19 20	☽⊻♇	g
	20 42	☉⚹♆	
21 Th	04 00	☽⚹♄	G
	04 06	♀♈	
	04 53	☽△☿	G
	07 48	☽△♂	G
	08 43	☉#♆	
	09 47	☽⚼☉	b
	12 49	♀⊻♆	
	16 57	☽△♃	G
22 Fr	04 05	♂∠♆	
	10 24	☽♑	
	11 14	☽⚹♆	G
	13 24	☽□♀	B
	14 11	☽△☉	G
	14 33	☽□♅	B
	19 24	☉⊻♅	
	23 51	☽☌♇	D
23 Sa	02 28	♀☌♅	
	08 56	☽□♄	B
	09 47	☽□☿	B
	10 04	☿ Stat	
	13 33	♀#♅	
	14 35	☽∠♆	b
	16 42	☽□♂	B
24 Su	00 13	☽□♃	B
	06 12	☉⊻♀	
	07 28	☽∥♇	D
	17 59	☽♒	
	18 57	☽⊻♆	g
	20 34	♀∥♅	
	22 39	☽⚹♅	G
25 Mo	02 47	☽□☉	B
	03 13	☽⚹♀	G
	08 21	☽⊻♇	g
	17 45	☽△♄	G
	19 02	☽#☉	G
	19 27	☽⚹☿	G
26 Tu	03 42	☽∥♆	D
	04 03	☽∠♅	b
	06 13	☽⚹♂	G
	11 28	☽⚹♃	G
	11 53	☽∠♀	b
	13 51	☽∠♇	b
	13 55	♀⊥♆	
	23 18	☽⚼♄	b
27 We	01 50	☽∠☿	b
	03 43	☽#♃	G
	04 57	☽♓	
	06 05	☽☌♆	D
	06 10	☽#♂	B
	07 21	♀□♇	
	10 05	☽⊻♅	g

Day	Time	Aspect	
	14 12	☽∠♂	b
	18 05	☽∠♃	b
	19 25	☽⚹☉	G
	19 52	☽⚹♇	G
	21 18	☽⊻♀	g
	23 24	☽#☿	G
28 Th	01 00	☉△♇	
	05 54	☽∥♄	B
	07 41	☽#♀	G
	08 55	☽⊻☿	g
	15 33	☽#♅	B
	19 31	☽∥♅	B
	22 35	☽⊻♂	g
29 Fr	00 39	♀#♄	
	01 01	☽⊻♃	g
	04 27	☽∠☉	b
	05 03	☽#♄	B
	05 34	☽∥♀	G
	07 19	☉⊥♅	
	11 49	☽∥☿	G
	13 01	♂∥♃	
	17 33	☽♈	
	18 47	☽⊻♆	g
	22 59	☽☌♅	B
30 Sa	08 31	☽□♇	B
	09 03	☽∥♃	G
	10 03	☽∥♂	B
	13 31	☽⊻☉	g
	16 54	☽☌♀	G
	17 41	☽☍♄	B
MAY			
1 Su	00 13	☽☌☿	G
	00 14	♀☍♄	
	01 08	☽∠♆	b
	04 26	♂☌♃	
	07 47	☽#♆	D
	14 51	☽☌♃	G
	15 20	☽☌♂	B
	18 54	☿∠♆	
2 Mo	05 23	☽∥☉	G
	05 58	☽♉	
	07 16	☽⚹♆	G
	11 33	☽⊻♅	g
	12 05	☿∥♀	
	13 34	☉∇♄	
	20 39	☽△♇	G
3 Tu	05 50	☽#♇	D
	06 51	☽☌☉	D
	10 43	☉Q♆	
	11 35	☽⊻♀	g
	15 33	☽⊻☿	g
	17 23	☽∠♅	b
4 We	02 13	☽⚼♇	b
	02 53	♀∠♆	
	03 34	☽⊻♃	g
	06 49	☽⊻♂	g
	10 43	☽⚼♄	b
	17 09	☽♊	
	18 30	☽□♆	B
	20 10	☽∠♀	b
	22 49	☽⚹♅	G
	22 52	☽∠☿	b
5 Th	09 17	☽∠♃	b
	13 48	☽∠♂	b
	15 38	☽△♄	G
	22 14	☽⊻☉	g
6 Fr	04 09	☽⚹♀	G
	05 49	☽⚹☿	G

Day	Time	Aspect	
	14 29	☽⚹♃	G
	20 12	☽⚹♂	G
7 Sa	02 31	☽♋	
	03 53	☽△♆	G
	05 00	☽∠☉	b
	08 11	☽□♅	B
	16 10	☽☍♇	B
	23 56	☽□♄	B
8 Su	07 45	☽⚼♆	b
	09 41	☉±♄	
	11 00	☽⚹☉	G
	17 52	☽□♀	B
	18 10	☽□☿	B
	22 52	☽#♇	D
	23 04	☽□♃	B
9 Mo	01 14	☉∠♅	
	06 52	☽□♂	B
	08 35	☽∥☉	G
	09 35	☽♌	
	15 10	☽△♅	G
	15 44	☿☌♀	
10 Tu	05 46	☽⚹♄	G
	16 03	☽#♆	D
	17 39	☽⚼♅	b
	20 33	☽□☉	B
	20 33	☽∥♂	B
11 We	00 43	☽⚼♇	b
	03 48	☽△☿	G
	04 07	☽△♀	G
	04 52	☽△♃	G
	07 00	☽∥♃	G
	07 03	♂♉	
	07 42	☽∠♄	b
	09 43	☽∥♀	G
	13 59	☽♍	
	14 22	☽△♂	G
	14 42	♀☌♃	
	15 19	☽☍♆	B
	15 46	☽∥☿	G
	19 57	☿☌♃	
12 Th	02 14	☽△♇	G
	06 44	☽⚼♃	b
	07 31	☽⚼☿	b
	07 56	☽⚼♀	b
	08 28	♂⚹♆	
	08 59	☽⊻♄	g
	11 45	☽#♄	B
	16 59	☽⚼♂	b
	17 25	☽∥♅	B
	22 47	☽#♅	B
13 Fr	01 36	♀∥♃	
	02 52	☽△☉	G
	04 21	☽∥♄	B
	07 38	☉⚼♇	
	15 56	☽♎	
	21 20	☽☍♅	B
14 Sa	03 41	☽□♇	B
	04 44	☽#☿	G
	04 47	♂#♆	
	05 07	☽⚼☉	b
	09 19	☽#♃	G
	10 06	☽☌♄	B
	11 36	☽#♀	G
	17 39	☽⚼♆	b
	22 10	☽∥♆	D
	22 59	☉#♇	
	23 07	☽#♂	B
15 Su	09 28	☽☍♃	B
	15 51	☽☍☿	B
	16 01	☽☍♀	B
	16 31	☽♏	
	17 52	☽△♆	G
	19 15	♂⊻♅	
	22 08	☽☍♂	B
	22 12	♀♉	
	23 18	☿♉	
16 Mo	04 07	☽⚹♇	G
	09 25	☿☌♀	
	10 26	☽⊻♄	g
	11 53	☽∥♇	D
	14 16	☿⚹♆	
	14 27	☽#☉	G
	14 52	♀⚹♆	
	16 26	☿∥♃	
	22 23	☽⚼♅	b
17 Tu	04 29	☽∠♇	b
	06 35	☉⚼♄	
	07 00	☉⊻♃	
	10 50	☽∠♄	b
	11 09	☽☍☉	B
	17 22	☽♐	
	18 47	☽□♆	B
	23 08	☽△♅	G
18 We	05 14	☽⊻♇	g
	11 41	☽⚹♄	G
	11 42	☿⊻♅	
	12 16	☽⚼♃	b
	19 30	♀⊻♅	
19 Th	00 53	☽⚼♀	b
	01 51	☽⚼☿	b
	04 33	☽⚼♂	b
	14 17	☽△♃	G
	20 16	☽♑	
	21 23	♀#♆	
	21 47	☽⚹♆	G
20 Fr	02 30	☽□♅	B
	05 26	☽△♀	G
	07 05	☽△☿	G
	08 12	☽△♂	G
	08 46	☽☌♇	D
	15 33	☽□♄	B
	18 22	♂△♇	
	21 54	☿△♇	
	22 06	☽⚼☉	b
21 Sa	00 31	☽∠♆	b
	01 20	☿☌♂	
	04 06	☽#☉	G
	09 21	☉♊	
	10 42	☿#♆	
	15 02	☽∥♇	D
	18 04	♀△♇	
	21 04	☽□♃	B
22 Su	02 31	☽♒	
	03 55	☽△☉	G
	04 11	☽⊻♆	g
	07 31	☉□♆	
	09 22	☽⚹♅	G
	11 50	☉±♇	
	13 09	☿⊥♅	
	15 50	☽⊻♇	g
	18 12	☽□♀	B
	18 46	☽□♂	B
	21 53	☽□☿	B
	22 23	☽#♂	B
	23 01	☽△♄	G
23 Mo	03 43	☽#♀	G
	05 21	☽#☿	G
	06 30	☿⚻♄	
	08 25	♀☌♂	
	11 20	☽∥♆	D
	14 11	☽∠♅	b
	20 43	☽∠♇	b
	21 48	♀⊥♅	
	22 40	☽#♃	G
24 Tu	04 04	☽⚼♄	b
	06 44	♂⊥♅	
	07 40	☽⚹♃	G
	12 24	☽♓	
	13 05	☿Q♆	
	14 11	☽☌♆	D
	16 44	☿∥♀	
	18 47	♀⚻♄	
	18 52	☽□☉	B
	19 47	☽⊻♅	g
25 We	02 20	☽⚹♇	G
	06 47	☉⚹♅	
	09 18	☉⊥♃	
	09 22	☽⚹♂	G
	11 31	☽⚹♀	G
	14 05	☽∠♃	b
	14 46	☽∥♄	B
	15 49	♂⚻♄	
	18 15	☽⚹☿	G
	19 47	☽#♅	B
26 Th	04 18	☽∥♅	B
	09 17	☽#♄	B
	13 19	♀Q♆	
	14 34	☿∥♂	
	17 35	☽∠♂	b
	18 22	☿±♄	
	20 54	☽⊻♃	g
	21 11	☽∠♀	b
27 Fr	00 36	☽♈	
	02 27	☽⊻♆	g
	05 43	☽∠☿	b
	08 19	☽☌♅	B
	12 32	☽⚹☉	G
	14 41	☽□♇	B
	22 10	☽☍♄	B
	23 16	☿∠♅	
28 Sa	01 55	☽⊻♂	g
	03 56	☽∥♃	G
	06 58	☽⊻♀	g
	08 46	☽∠♆	b
	13 52	☽#♆	D
	14 38	☉⚻♇	
	14 52	♂Q♆	
	17 24	☽⊻☿	g
	21 26	☽∠☉	b
29 Su	10 28	☽☌♃	G
	13 02	☽♉	
	13 21	☽∥♀	G
	13 29	☽∥♂	B
	14 33	♀±♄	
	14 52	☽⚹♆	G
	15 44	☿⚼♇	
	16 40	♀∥♂	
	20 47	☽⊻♅	g
	23 08	☽∥☿	G
30 Mo	02 46	☽△♇	G
	05 57	☽⊻☉	g
	12 46	☽#♇	D
	17 43	☽☌♂	B
31 Tu	01 23	☽☌♀	G
	02 27	☽∠♅	b
	08 12	☽⚼♇	b
	12 25	♀∠♅	
	14 07	☿⚼♄	
	15 23	☽⚼♄	b
	15 37	☽☌☿	G
	20 34	☽∥☉	G
	22 28	☽⊻♃	g
	23 56	☽♊	
JUNE			
1 We	01 43	☽□♆	B
	07 34	☽⚹♅	G
	09 15	☉△♄	
	20 08	☽△♄	G
	21 03	☽☌●	D
	21 55	☿#♇	
2 Th	03 37	☽∠♃	b
	07 08	☽⊻♂	g
	12 56	♂±♄	
	15 13	☿⊻♃	
	16 59	☽⊻♀	g
	20 02	☿♊	
	21 10	♀⚼♇	
3 Fr	05 45	☿±♇	
	07 05	☿□♆	
	07 30	♆Stat	
	08 08	☽⚹♃	G
	08 36	☽♋	
	10 19	☽△♆	G
	10 55	☽⊻☿	g
	12 48	☽∠♂	b
	16 04	☽□♅	B
	17 07	☽∥☉	G
	21 08	☽☍♇	B
	23 38	☽∠♀	b
4 Sa	03 56	☽□♄	B
	09 15	☽⊻☉	g
	13 46	☽⚼♆	b
	13 56	♃♉	
	14 59	☽∥☿	G
	17 48	☽⚹♂	G
	19 22	☽∠☿	b
	19 57	☿⚹♅	
5 Su	03 38	☽#♇	D
	05 33	☽⚹♀	G
	09 57	☽∥♀	G
	14 20	☽∠☉	b
	15 03	☽♌	
	15 09	☽∥♂	B
	15 26	☽□♃	B
	21 13	☿⊥♃	
	21 27	♀⚼♄	
	22 20	☽△♅	G
6 Mo	01 02	♂∠♅	
	02 43	☿⚻♇	
	03 04	☽⚹☿	G
	09 36	☽⚹♄	G
	09 50	☉∠♃	
	18 48	☽⚹☉	G
	21 15	☽#♆	D
7 Tu	00 44	☽⚼♅	b
	02 00	☽□♂	B
	02 23	☽∥♃	G
	04 54	☉Q♅	
	05 15	☽⚼♇	b
	11 44	☽∠♄	b
	15 27	☽□♀	B
	19 33	☽♍	
	20 40	☿△♄	
	20 42	☽△♃	G
	21 08	☽☍♆	B
8 We	07 03	☽△♇	G
	08 05	♀#♇	
	13 28	☽⊻♄	g
	16 31	☽□☿	B
	18 17	☽#♄	B
	21 36	☽∥♅	B
	22 42	☽⚼♃	b
9 Th	02 11	☽□☉	B
	02 39	♃⚹♆	
	06 07	☽#♅	B
	08 13	☽△♂	G
	09 25	☽∥♄	B
	13 31	♂⚼♇	
	14 23	♀♊	
	20 35	☉∥☿	
	22 31	☽♎	
	23 16	☽△♀	G
10 Fr	03 17	♀±♇	
	05 34	☽☍♅	B
	08 24	♀□♆	
	09 39	☽□♇	B
	10 45	☽⚼♂	b
	11 59	☿∠♃	
	12 13	☿Q♅	
	14 18	♀⊻♃	
	16 00	☽☌♄	B
11 Sa	01 07	☽⚼♆	b
	01 35	☽#♃	G
	02 40	☽⚼♀	b
	04 02	☽△☿	G
	05 17	☽∥♆	D
	08 04	☽△☉	G
12 Su	00 33	☽♏	
	02 04	☽△♆	G
	03 04	☽☍♃	B
	09 28	☽⚼☿	b
	10 47	☽⚼☉	b
	11 31	☽⚹♇	G
	17 56	☽⊻♄	g
	18 38	☽#♂	B
	20 33	☽∥♇	D
	23 44	☉☌☿	
13 Mo	02 36	♀⚹♅	
	03 52	♄Stat	
	06 30	☽#♀	G
	08 40	☽⚼♅	b
	12 30	☽∠♇	b
	17 43	☽☍♂	B
	18 59	☽∠♄	b
14 Tu	02 38	☽♐	
	04 09	☽□♆	B
	07 45	♂#♇	
	09 53	☽△♅	G
	12 47	☽☍♀	B
	13 41	☽⊻♇	g
	16 11	☿⊻♂	
	18 44	♂⚼♄	
	20 18	☽⚹♄	G
	23 10	♀⚻♇	
	23 28	☽#☉	G
15 We	07 43	☽⚼♃	b
	16 54	☽#☉	G
	20 14	**☽☍☉**	B
16 Th	03 31	☽☍☿	B
	05 59	☽♑	
	07 31	☽⚹♆	G
	10 04	☽△♃	G
	10 48	♀⊥♃	
	13 35	☽□♅	B

Day	Time	Aspect	
	17 23	☽☌♇	D
	19 09	☿♋	
17 Fr	00 24	☽□♄	B
	03 25	☽⊡♂	b
	04 35	☽#♀	G
	04 52	☿△♆	
	10 05	☽∠♆	b
	19 12	☽#♂	B
	23 52	☽∥♇	D
18 Sa	00 35	☿✱♃	
	03 21	☽⊡♀	b
	04 31	♀△♄	
	08 07	☽△♂	G
	11 47	☽♒	
	13 23	☽⊻♆	g
	16 55	☽□♃	B
	19 55	☽✱♅	G
	19 56	☿⊥♂	
	20 11	☿□♅	
	23 44	☽⊻♇	g
19 Su	07 19	☽△♄	G
	10 08	☽△♀	G
	11 51	☽⊡☉	b
	19 18	☿☍♇	
	19 46	☽∥♆	D
	21 06	☽#♃	G
20 Mo	00 16	☽∠♅	b
	04 07	☽∠♇	b
	05 55	☽⊡☿	b
	11 59	☽⊡♄	b
	19 02	☽△☉	G
	20 23	☽□♂	B
	20 45	☽♓	
	22 24	☽☌♆	D
21 Tu	02 50	♂♊	
	03 02	☽✱♃	G
	05 24	☽⊻♅	g
	09 15	☽✱♇	G
	15 15	♂±♇	
	17 09	☽△☿	G
	17 16	☉♋	
	18 42	☿□♄	
	22 35	☽∥♄	B
22 We	02 20	☽#♅	B
	02 51	☽□♀	B
	06 45	♂□♆	
	09 11	☽∠♃	b
	13 20	☽∥♅	B
	14 07	☉△♆	
	17 09	☽#♄	B
23 Th	02 12	♀Q♅	
	08 24	☽♈	
	10 03	☽⊻♆	g
	11 48	☽□☉	B
	11 49	☽✱♂	G
	12 19	☉⊻♂	
	15 48	☽⊻♃	g
	17 23	☽☌♅	B
	21 08	☽□♇	B
24 Fr	05 41	☽☍♄	B
	08 08	♃#♆	
	10 18	☿Q♃	
	10 21	☿⊡♆	
	16 19	☽∠♆	b
	17 29	☽□☿	B
	20 02	☽∠♂	b
	21 51	☽#♆	D
	22 02	☽∥♃	G
	22 07	☽✱♀	G
25 Sa	02 55	♀∠♃	
	16 54	☿∠♂	
	20 53	☽♉	
	22 28	☽✱♆	G
	23 54	☉✱♃	
26 Su	04 05	☽⊻♂	g
	05 07	☽☌♃	G
	05 29	☽✱☉	G
	05 51	☽⊻♅	g
	07 39	☽∠♀	b
	09 22	☽△♇	G
	10 13	☉□♅	
	21 08	☽#♇	D
27 Mo	02 43	♂⊻♃	
	10 26	♂✱♅	
	11 32	☽∠♅	b
	13 39	☽∠☉	b
	14 54	☽⊡♇	b
	16 24	☽✱☿	G
	16 33	☽⊻♀	g
	16 38	☽∥♂	B
	19 07	☿⊻♀	
	23 29	☽⊡♄	b
28 Tu	05 19	☉☍♇	
	07 56	☽♊	
	09 24	☽□♆	B
	11 38	☉∥☿	
	12 20	♃⊻♅	
	16 35	☽✱♅	G
	16 39	☽⊻♃	g
	18 22	☽☌♂	B
	21 00	☽⊻☉	g
	21 47	☽∥♀	G
29 We	00 49	☽∥☿	G
	02 10	☽∠☿	b
	04 16	☽△♄	G
	04 57	☿±♆	
	05 47	☽∥☉	G
	06 23	☿∥♀	
	18 47	♂▽♇	
	21 18	☽∠♃	b
30 Th	07 33	☽•♀	G
	07 40	☽∥☉	G
	09 52	☽∥♀	G
	10 36	☽⊻☿	g
	16 13	☽♋	
	17 33	☽△♆	G
	21 23	☉∥♀	
JULY			
1 Fr	00 28	☽□♅	B
	00 36	☽∥♀	G
	01 11	☽✱♃	G
	03 21	☽☍♇	B
	05 15	☽⊻♂	g
	08 54	☽•●	D
	11 31	☽∥♂	B
	11 31	☿Q♄	
	11 37	☽□♄	B
	20 32	☽⊡♆	b
2 Sa	05 38	☿♌	
	09 27	☽∠♂	b
	10 08	☽#♇	D
	15 43	☿▽♆	
	18 07	☿∥♂	
	18 43	☽⊻♀	g
	21 43	☽♌	
	23 55	☽☌☿	G
3	00 17	☉□♄	
Su	05 37	☽△♅	G
	06 55	☽□♃	B
	13 00	☽✱♂	G
	16 25	☽✱♄	G
	17 34	☽⊻☉	g
	23 13	☽∠♀	b
4 Mo	00 37	☽∥♃	G
	02 57	☽#♆	D
	04 17	♀♋	
	07 27	☽⊡♅	b
	10 01	☽⊡♇	b
	17 26	♀△♆	
	18 10	☽∠♄	b
	21 06	☽∠☉	b
5 Tu	00 47	☿△♅	
	01 15	☽♍	
	02 23	☽☍♆	B
	03 14	☽✱♀	G
	10 00	☽⊻☿	g
	10 48	☽△♃	G
	11 27	☽△♇	G
	18 09	☿□♃	
	18 50	☽□♂	B
	19 39	☽⊻♄	g
	22 44	☽#♄	B
	23 08	☿▽♇	
6 We	00 19	☽✱☉	G
	02 35	☽∥♅	B
	12 13	☽#♅	B
	12 16	♂△♄	
	12 24	☽⊡♃	b
	14 23	☽∠☿	b
	16 07	☽∥♄	B
7 Th	03 54	☽♎	
	10 37	☽□♀	B
	11 34	☽☍♅	B
	13 56	☽□♇	B
	14 07	♃△♇	
	18 37	☽✱☿	G
	21 44	♀□♅	
	22 20	☽☌♄	B
8 Fr	00 00	☽△♂	G
	02 12	☉⊡♆	
	03 57	♂⊥♃	
	06 12	☽⊡♆	b
	06 29	☽□☉	B
	11 41	☽∥♆	D
	13 55	☿#♇	
	14 57	☽#♃	G
9 Sa	00 31	♀☍♇	
	02 39	☽⊡♂	b
	06 05	♀✱♃	
	06 31	☽♏	
	07 32	☽△♆	G
	08 19	☿✱♄	
	11 17	☉∥♂	
	16 33	☽✱♇	G
	17 11	☽☍♃	B
	18 07	☽△♀	G
	22 53	☽#☿	G
	23 36	☿±♇	
10 Su	00 34	♅Stat	
	01 17	☽⊻♄	g
	03 06	☽□☿	B
	03 43	☽∥♇	D
	13 05	☽△☉	G
	15 50	☽⊡♅	b
	18 06	☽∠♇	b
	22 11	☽⊡♀	b
11 Mo	02 23	☉Q♃	
	03 02	☽∠♄	b
	09 05	☽#☉	G
	09 47	☽♐	
	10 44	☽□♆	B
	15 25	☽#♂	B
	16 47	☽⊡☉	b
	17 40	☽△♅	G
	19 55	☽⊻♇	g
12 Tu	03 28	☿✱♂	
	05 05	☽✱♄	G
	08 37	☽#♀	G
	11 56	☽☍♂	B
	12 21	☽△☿	G
	23 39	☽⊡♃	b
13 We	03 11	☽#♀	G
	07 35	♀□♄	
	14 13	☽♑	
	15 08	☽✱♆	G
	15 42	☽#♂	B
	17 30	☽⊡☿	b
	22 20	☽□♅	B
14 Th	00 34	☽☌♇	D
	02 32	☽△♃	G
	06 18	☽#☉	G
	10 19	☽□♄	B
	12 55	☽☍♀	B
	15 33	♂Q♅	
	17 59	☽∠♆	b
15 Fr	06 40	☽☍☉	B
	08 07	☽∥♇	D
	20 30	☽♒	
	21 22	☽⊻♆	g
	23 52	☿⊡♅	
16 Sa	01 10	☽⊡♂	b
	04 56	☽✱♅	G
	07 10	☽⊻♇	g
	09 54	☽□♃	B
	11 32	☽#☿	G
	12 03	♀∥♂	
	17 41	☽△♄	G
	18 55	♀⊡♆	
	22 30	☽#♃	G
17 Su	01 09	☿⊡♇	
	03 49	☽∥♆	D
	06 24	☉⊥♂	
	06 56	☽△♂	G
	08 21	☉±♆	
	09 09	☽∠♅	b
	11 23	☽∠♇	b
	12 23	☽☍☿	B
	22 20	☽⊡♄	b
18 Mo	05 13	☽♓	
	06 02	☽☌♆	D
	09 57	☽⊡♀	b
	14 01	☽⊻♅	g
	16 16	☽✱♇	G
	19 51	☽✱♃	G
19 Tu	02 55	☽⊡☉	b
	04 45	☽∥♄	B
	10 49	☽#♅	B
	18 43	☽△♀	G
	20 45	☽□♂	B
	21 59	☽∥♅	B
	22 58	☿∥♃	
20 We	01 47	☽∠♃	b
	04 15	☽#♄	B
	06 01	♀Q♃	
	11 15	☽△☉	G
	16 25	☽♈	
	17 10	☽⊻♆	g
21 Th	01 30	☽☌♅	B
	03 45	☽□♇	B
	08 11	☽⊻♃	g
	12 56	☽⊡☿	b
	13 23	♀⊻♂	
	15 53	☽☍♄	B
	23 21	☽∠♆	b
22 Fr	01 33	☿#♆	
	06 48	☽∥☿	G
	07 25	☽#♆	D
	12 45	☽✱♂	G
	13 57	☽□♀	B
	14 09	☽∥♃	G
	21 18	☉Q♄	
	21 34	☽△☿	G
23 Sa	04 12	☉♌	
	04 58	☽♉	
	05 02	☽□☉	B
	05 36	☽✱♆	G
	10 24	☿∠♄	
	11 54	☉▽♆	
	14 01	☽⊻♅	g
	16 12	☽△♇	G
	20 50	☽∠♂	b
	21 19	☽☌♃	G
	23 43	♀±♆	
24 Su	06 55	☽#♇	D
	07 06	♂∠♃	
	15 13	☽∥☉	G
	19 55	☽∠♅	b
	22 03	☽⊡♇	b
25 Mo	04 25	☽⊻♂	g
	08 44	☽✱♀	G
	10 10	☽∥♀	G
	10 30	☽⊡♄	b
	13 12	☽□☿	B
	16 34	☽♊	
	17 04	☽□♆	B
	20 39	☿±♅	
	21 37	☽✱☉	G
26 Tu	01 13	☽✱♅	G
	08 47	☽⊻♃	g
	15 35	☽△♄	G
	16 51	☽∠♀	b
27 We	04 32	☽∠☉	b
	13 17	☽∠♃	b
	16 55	☽•♂	B
	19 43	☉△♅	
	23 46	☽⊻♀	g
28 Th	00 35	☽✱☿	G
	01 11	☽♋	
	01 33	☽△♆	G
	09 15	☽□♅	B
	10 19	☽⊻☉	g
	11 08	☽☍♇	B
	13 19	☿⊻♀	
	14 59	♀♌	
	16 50	☽✱♃	G
	17 11	♀Q♄	
	17 59	☿♍	
	18 33	♀▽♆	
	20 40	☉#♇	
	21 30	☉▽♇	
	23 03	☽□♄	B
29 Fr	02 21	☽∥♀	G
	04 00	☿☍♆	
	04 27	☽⊡♆	b

Date	Time	Aspect	
	04 28	☽∠☿	b
	18 12	☽#♇	D
	19 51	☽∥☉	G
30 Sa	01 14	☽⊻♂	g
	06 16	☽♌	
	07 16	☽⊻☿	g
	10 03	☽☌♀	G
	13 47	☽△♅	G
	18 40	☽☌☉	D
	21 22	☽□♃	B
31 Su	03 09	☽✱♄	G
	03 39	☽∥♃	G
	04 05	☽∠♂	b
	10 10	☽#♆	D
	15 03	☽⚼♅	b
	16 46	☽⚼♇	b
AUGUST			
1 Mo	04 09	♀△♅	
	04 20	☽∠♄	b
	04 29	☽∥☿	G
	06 20	☽✱♂	G
	08 41	☽♍	
	08 51	☽☍♆	B
	10 09	♀⊥♂	
	10 28	☽☌☿	G
	14 41	☉□♃	
	17 00	☽⊻♀	g
	17 35	☽△♇	G
	23 38	☽△♃	G
	23 49	♀∇♇	
2 Tu	00 12	☽⊻☉	g
	03 05	☽#♄	B
	05 12	☽⊻♄	g
	10 11	☽∥♅	B
	18 48	☽#♅	B
	19 57	☽∠♀	b
3 We	00 26	☽⚼♃	b
	02 03	☽∥♄	B
	02 35	☽∠☉	b
	03 50	☿Stat	
	09 22	♂♋	
	10 04	☽♎	
	10 06	☽□♂	B
	10 53	♂△♆	
	12 02	☽⊻☿	g
	17 12	☽☍♅	B
	18 53	☽□♇	B
	22 05	☽#☿	G
	22 56	☽✱♀	G
4 Th	00 53	☉±♇	
	05 05	☽✱☉	G
	06 53	☽☌♄	B
	10 54	☽⚼♆	b
	12 44	☽∠☿	b
	19 02	☽∥♆	D
	23 19	☿✱♂	
5 Fr	01 57	☽#♃	G
	02 54	♆♒	
	04 10	♀#♇	
	04 34	♀□♃	
	10 47	☉✱♄	
	11 56	☽△♆	G
	11 57	☽♏	
	13 33	☽✱☿	G
	14 27	☽△♂	G
	20 55	☽✱♇	G
	21 17	☽#☉	G
6	03 52	☽☍♃	B
Sa	05 57	☽□♀	B
	08 14	☽#♀	G
	09 36	☽⊻♄	g
	10 49	☽∥♇	D
	11 08	☽□☉	B
	17 14	☽⚼♂	b
	18 48	♀±♇	
	20 44	☽⚼♅	b
	22 30	☽∠♇	b
7 Su	11 37	☽∠♄	b
	15 14	☽□♆	B
	15 21	☽♐	
	15 54	☽□☿	B
	22 45	☽△♅	G
8 Mo	00 34	☽⊻♇	g
	02 19	♀✱♄	
	09 46	☿♌	
	14 07	☽✱♄	G
	14 27	☿☍♆	
	15 13	☽△♀	G
	19 22	☽△☉	G
9 Tu	10 58	☽⚼♃	b
	16 33	♂□♅	
	19 20	☽△☿	G
	20 24	☽✱♆	G
	20 38	☽♑	
	20 48	☽⚼♀	b
10 We	00 22	☽⚼☉	b
	04 13	☽□♅	B
	04 51	☽☍♂	B
	06 06	☽☌♇	D
	14 17	☽△♃	G
	20 34	☽□♄	B
	21 27	☽⚼☿	b
	23 41	☽∠♆	b
11 Th	05 14	♂☍♇	
	12 46	☿∠♄	
	14 13	☽∥♇	D
	14 25	☿±♅	
12 Fr	03 27	☽⊻♆	g
	03 47	☽♒	
	04 12	☉⚼♅	
	07 18	☽#♀	G
	11 32	☽✱♅	G
	13 32	☽⊻♇	g
	17 42	☽#☉	G
	22 20	☽□♃	B
13 Sa	01 59	☽#♃	G
	02 57	♀⚼♅	
	04 57	☽△♄	G
	06 10	☉⚼♇	
	10 16	☽∥♆	D
	15 55	☽∠♅	b
	17 22	☽☍♀	B
	17 58	☽∠♇	b
	18 57	☽☍☉	B
	21 26	☽⚼♂	b
	23 21	♀⚼♇	
14 Su	05 29	☽☍☿	B
	06 39	☽#☿	G
	09 55	☽⚼♄	b
	12 25	☽☌♆	D
	12 54	☽♓	
	20 48	☽⊻♅	g
	22 55	☽✱♇	G
15 Mo	04 07	☽△♂	G
	08 21	☽✱♃	G
	08 33	☽∥♄	B
	20 03	☽#♅	B
16 Tu	05 11	☽∥♅	B
	09 27	♃⊥♅	
	12 08	☉☌♀	
	14 07	☽∠♃	b
	17 07	☽#♄	B
	21 21	☿∠♂	
	23 21	☿☌♀	
	23 24	☽⊻♆	g
17 We	00 01	☽♈	
	01 04	☉☌☿	
	02 02	☉∥♃	
	04 27	♀∠♂	
	08 03	☽☌♅	B
	10 17	☽□♇	B
	16 38	☽⚼☿	b
	19 06	☉∠♂	
	19 11	☽□♂	B
	19 11	☽⚼☉	b
	20 00	☽⚼♀	b
	20 18	☽⊻♃	g
18 Th	03 26	☽∥☿	G
	03 47	☽☍♄	B
	05 30	☽∠♆	b
	16 49	♂✱♃	
	17 30	☽#♆	D
	21 02	☽△☿	G
	22 41	☽∥☉	G
19 Fr	02 29	☽∥♃	G
	04 13	☽△☉	G
	04 26	☽∥♀	G
	05 53	☽△♀	G
	11 50	☽✱♆	G
	12 36	☽♉	
	20 34	☽⊻♅	g
	22 00	♀∥♃	
	22 54	☽△♇	G
20 Sa	05 52	♀±♅	
	09 14	☽☌♃	G
	11 27	☽✱♂	G
	17 21	☽#♇	D
21 Su	02 46	☽∠♅	b
	04 29	♀∠♄	
	05 06	☽⚼♇	b
	06 13	☽□☿	B
	06 47	☉±♅	
	11 20	☉#♆	
	13 39	♀☍♆	
	19 14	☽∠♂	b
	21 54	☽□☉	B
	22 11	♀♍	
	23 14	☽⚼♄	b
	23 59	☽□♆	B
22 Mo	00 53	☽♊	
	01 11	☽□♀	B
	05 25	☿⚼♇	
	08 29	☽✱♅	G
	16 13	☉∠♄	
	21 00	☽⊻♃	g
	21 07	☉∥☿	
	23 26	☉☍♆	
23 Tu	02 16	☽⊻♂	g
	04 46	☽△♄	G
	06 55	♀#♆	
	11 21	☉♍	
	14 33	☽✱☿	G
	16 14	☿⊥♂	
	16 19	☿∥♀	
24 We	01 43	☽∠♃	b
	03 30	☿#♆	
	09 33	☽△♆	G
	10 31	☽♋	
	12 23	☽✱☉	G
	16 53	☽✱♀	G
	17 30	☽□♅	B
	17 54	☽∠☿	b
	19 47	☽☍♇	B
	23 22	♀∇♅	
25 Th	00 49	♄⚼♆	
	05 25	☽✱♃	G
	08 53	♂⚼♆	
	10 46	♂□♄	
	12 52	☽⚼♆	b
	12 59	☽□♄	B
	13 04	☽☌♂	B
	17 44	☽∠☉	b
	20 33	☽⊻☿	g
	22 41	☽∠♀	b
	23 12	♀△♇	
26 Fr	02 30	☽#♇	D
	02 38	☿⚼♅	
	16 09	☽♌	
	21 50	☽⊻☉	g
	22 02	☿Stat	
	22 31	☽△♅	G
27 Sa	03 10	☽⊻♀	g
	05 27	☿⚼♅	
	07 24	☉∇♅	
	09 44	☽□♃	B
	11 27	☽∥♃	G
	13 12	☽∥☿	G
	17 06	☽✱♄	G
	18 36	☽#♆	D
	19 15	☽⊻♂	g
	23 39	☽⚼♅	b
	23 48	☽☌☿	G
28 Su	01 49	☽⚼♇	b
	05 19	☽∥♀	G
	05 55	☽∥☉	G
	15 12	☉△♇	
	17 11	☽☍♆	B
	17 58	☽∠♄	b
	18 13	☽♍	
	21 00	☽∠♂	b
	23 32	☿∥♃	
29 Mo	02 10	♀⊥♄	
	02 17	☽△♇	G
	03 04	☽☌☉	D
	08 16	☽#♄	B
	08 17	☉∥♀	
	09 10	☽☌♀	G
	10 58	☽△♃	G
	18 21	☽⊻♄	g
	20 45	☽∥♅	B
	22 15	☽✱♂	G
30 Tu	01 25	☽⊻☿	g
	02 44	☽#♅	B
	06 46	♀△♃	
	09 17	♃Stat	
	11 00	☽⚼♃	b
	15 24	☽∥♄	B
	18 25	☽♎	
31 We	00 08	☽☍♅	B
	02 13	☽∠☿	b
	02 21	☽□♇	B
	05 46	☿⚼♇	
	06 28	☽⊻☉	g
	11 03	☽#♀	G
	12 01	☽#☉	G
	13 33	☽⊻♀	g
	17 19	☽⚼♆	b
	18 43	☽☌♄	B
SEPTEMBER			
1 Th	00 28	☽□♂	B
	03 24	☽✱☿	G
	04 28	☽∥♆	D
	08 19	☽∠☉	b
	11 10	☽#♃	G
	13 20	☽#☿	G
	16 03	☽∠♀	b
	17 35	☽△♆	G
	18 48	☽♏	
2 Fr	02 24	☉⊥♄	
	02 55	☽✱♇	G
	10 40	☽✱☉	G
	11 51	☽☍♃	B
	19 08	☽✱♀	G
	19 24	☽∥♇	D
	20 15	☽⊻♄	g
3 Sa	01 26	☽⚼♅	b
	03 55	☽∠♇	b
	03 59	☉△♃	
	04 10	☽△♂	G
	08 03	☽□☿	B
	09 05	♀⊻♄	
	19 41	☽□♆	B
	21 03	☽♐	
	21 54	☽∠♄	b
4 Su	02 58	☽△♅	G
	05 34	☽⊻♇	g
	07 05	☽⚼♂	b
	08 48	☽#♂	B
	17 39	☽□☉	B
5 Mo	00 17	☽✱♄	G
	03 54	☽□♀	B
	17 05	☽△☿	G
	17 33	☽⚼♃	b
	23 57	☿∥♃	
6 Tu	00 30	☽✱♆	G
	02 03	☽♑	
	04 44	☽#♂	B
	08 09	☽□♅	B
	11 00	☽☌♇	D
	15 03	♂Q♃	
	20 49	☽△♃	G
	23 26	☽⚼☿	b
7 We	03 56	☽∠♆	b
	04 07	☽△☉	G
	07 11	☽□♄	B
	10 19	☿±♅	
	16 21	☽△♀	G
	17 53	☽∥♇	D
	20 35	☽☍♂	B
	22 31	♂±♆	
8 Th	07 58	☽⊻♆	g
	09 42	☽♒	
	10 33	☽⚼☉	b
	15 25	☿☍♆	
	15 53	☽✱♅	G
	19 01	☽⊻♇	g
	23 46	☽⚼♀	b
9 Fr	01 46	☉⊻♄	
	03 00	♀#♄	
	03 43	☿⊥♂	
	05 07	☽□♃	B
	05 58	☿♍	
	07 36	☽#♃	G

Day	Time	Aspect	
	14 16	☽#☿	G
	14 40	☽∥♆	D
	16 31	☽△♄	G
	18 08	☿#♆	
	20 33	☽∠♅	b
	23 40	☿∠♄	
	23 48	☽∠♇	b
10	17 32	☽☌♆	D
Sa	19 26	☽♓	
	21 55	☽⚼♄	b
11	01 06	☽☍☿	B
Su	01 38	☽⚺♅	g
	04 22	♀⚹♂	
	04 25	♀⚼♃	
	05 01	☿⚻♅	
	05 02	☽⚹♇	G
	07 54	☽#☉	G
	09 35	☽∥♄	B
	15 16	☽⚹♃	G
	15 54	☽⚼♂	b
	16 42	☽#♀	G
12	02 36	☉#♄	
Mo	04 54	☽#♅	B
	05 27	☿△♇	
	09 27	☽☍☉	B
	10 22	☽∥♅	B
	19 44	☽∥♀	G
	20 56	☽∠♃	b
	23 17	☽△♂	G
13	01 45	☽☍♀	B
Tu	03 58	☽∥☉	G
	04 44	☽⚺♆	g
	06 21	☽#♄	B
	06 49	☽♈	
	12 59	☽☌♅	B
	16 38	☽□♇	B
14	02 54	☽⚺♃	g
We	06 01	♀⚻♆	
	10 50	☽∠♆	b
	11 44	☽∥☿	G
	16 26	☽☍♄	B
15	01 43	☿△♃	
Th	02 40	♀♎	
	02 49	☽#♆	D
	09 24	☽∥♃	G
	10 31	☽⚼☿	b
	12 48	☿⊥♄	
	15 06	☽□♂	B
	17 10	☽⚹♆	G
	19 25	☽♉	
16	01 27	☽⚺♅	g
Fr	05 20	☽△♇	G
	12 15	☽⚼☉	b
	13 12	♀∥♅	
	15 26	☽☌♃	G
	18 27	♇ Stat	
	22 35	☽△☿	G
17	03 13	☽#♇	D
Sa	04 29	☿∠♂	
	05 14	♂⚻♆	
	07 23	☽⚼♀	b
	07 47	☽∠♅	b
	11 05	♀☍♅	
	11 45	☽⚼♇	b
	21 20	☽△☉	G
18	00 51	☉⚼♃	
Su	01 24	☽∥♂	B
	03 33	♀±♃	
	05 46	☽□♆	B
	07 09	☽⚹♂	G
	07 58	♀#♅	
	08 06	☽♊	
	12 22	☽⚼♄	b
	13 51	☽⚹♅	G
	17 02	☽△♀	G
	23 36	☿⚺♄	
	23 43	♀±♆	
19	01 08	♀□♇	
Mo	01 51	♂♌	
	03 27	☽⚺♃	g
	14 30	☽∠♂	b
	18 20	☽△♄	G
	21 30	☽□☿	B
20	00 36	☉#♀	
Tu	08 36	☽∠♃	b
	13 39	☽□☉	B
	16 33	☽△♆	G
	18 53	☽♋	
	20 59	☽⚺♂	g
21	00 10	☽□♅	B
We	04 09	☽☍♇	B
	09 38	☽□♀	B
	12 52	☽⚹♃	G
	14 29	☿#♄	
	18 21	☽∥♂	B
	20 39	☽⚼♆	b
22	02 17	☉⚻♆	
Th	03 37	☽□♄	B
	09 23	☽#♇	D
	09 56	☉∥♅	
	15 17	☽⚹☿	G
	17 23	♀⚻♃	
	20 53	☿⚼♃	
23	01 22	☽⚹☉	G
Fr	01 55	☽♌	
	06 24	☽☌♂	B
	06 39	☽△♅	G
	09 05	☉♎	
	11 24	♂△♅	
	16 28	☿#♀	
	18 15	☽□♃	B
	20 49	☽⚹♀	G
	21 39	☽∠☿	b
	22 54	☽∥♃	G
24	02 59	☽#♆	D
Sa	05 14	☽∠☉	b
	06 22	☉#♅	
	08 19	☽⚼♅	b
	08 36	☽⚹♄	G
	12 06	☽⚼♇	b
25	00 24	☽∠♀	b
Su	02 29	☽⚺☿	g
	02 39	☽☍♆	B
	03 48	☿⚻♆	
	04 49	☽♍	
	07 57	☽⚺☉	g
	09 38	☽∠♄	b
	11 10	☽⚺♂	g
	12 49	☽△♇	G
	13 36	☽#♄	B
	16 52	☽#♀	G
	19 47	☽△♃	G
	21 09	☿♎	
26	00 15	☉☍♅	
Mo	02 23	♀⚼♆	
	02 58	☽⚺♀	g
	05 29	☽∥☿	G
	05 44	☽#☉	G
	06 47	☉#☿	
	09 03	☽∥♅	B
	09 58	☽⚺♄	g
	11 36	☽#♅	B
	12 16	☽∠♂	b
	14 00	☽#☿	G
	14 09	☉±♃	
	15 34	☽∥☉	G
	19 34	☽⚼♃	b
27	04 20	♂⚻♇	
Tu	04 51	☽♎	
	06 30	☿☍♅	
	06 54	☽∥♀	G
	07 05	☽∥♄	B
	08 14	☿∥♅	
	08 49	☽☍♅	B
	09 08	☽☌☿	G
	09 23	♀∥♄	
	11 09	☽☌☉	D
	12 35	☽□♇	B
	12 55	☽⚹♂	G
	13 34	☿±♃	
28	01 59	☿#♅	
We	02 03	☉±♆	
	02 14	☽⚼♆	b
	06 33	☽☌♀	G
	09 37	☉□♇	
	09 37	☽☌♄	B
	10 11	☿±♆	
	14 26	☿□♇	
	15 50	☽∥♆	D
	18 47	☽#♃	G
	20 16	☉☌☿	
29	01 51	☽△♆	G
Th	04 05	☽♏	
	07 27	☿⚹♂	
	11 55	☽⚹♇	G
	13 45	☽⚺☉	g
	14 12	☽□♂	B
	14 49	☽⚺☿	g
	18 12	☽☍♃	B
	18 38	♂Q♄	
	23 48	♀☌♄	
30	03 35	♀Q♂	
Fr	06 04	☽∥♇	D
	06 43	☉⚹♂	
	08 00	☽⚼♅	b
	09 44	☽#♂	B
	09 51	☽⚺♄	g
	10 41	☽⚺♀	g
	12 07	☽∠♇	b
	15 43	☽∠☉	b
	18 16	☿⚻♃	
	18 24	☽∠☿	b
	OCTOBER		
1	02 17	☽□♆	B
Sa	04 42	☽♐	
	08 38	☽△♅	G
	10 49	☽∠♄	b
	12 58	☽⚺♇	g
	13 50	☽∠♀	b
	17 29	☽△♂	G
	18 31	☽⚹☉	G
	22 58	☽⚹☿	G
2	01 02	☉∥☿	
Su	03 57	☉⚻♃	
	12 36	☽⚹♄	G
	18 03	☽⚹♀	G
	20 26	☽⚼♂	b
	20 53	☽⚼♃	b
3	05 21	♂□♃	
Mo	05 37	☽⚹♆	G
	08 16	☽♑	
	11 39	☿⚼♆	
	12 19	☽□♅	B
	13 59	♀Q♇	
	17 08	☽☌♇	D
	18 03	♂#♇	
	23 24	☽△♃	G
4	03 15	☽□☉	B
Tu	08 36	☽∠♆	b
	11 47	☽□☿	B
	16 19	☿∥♄	
	18 52	☽□♄	B
	20 44	☽∥♇	D
	22 10	☽#♂	B
5	05 58	☽□♀	B
We	12 25	☽⚺♆	g
	15 18	☽♒	
	19 26	☽⚹♅	G
6	00 45	☽⚺♇	g
Th	06 52	☽□♃	B
	11 08	☽☍♂	B
	12 58	♃⊥♅	
	16 14	☽△☉	G
	16 21	☽#♃	G
	18 02	☽∥♆	D
	22 01	☿☌♄	
7	00 06	☽∠♅	b
Fr	01 25	☉⚼♆	
	04 26	☽△♄	G
	05 21	☽△☿	G
	05 39	☽∠♇	b
	08 46	☽∥♀	G
	11 00	♂±♇	
	14 36	☉∥♄	
	20 51	☽∥☿	G
	21 59	☽△♀	G
	22 08	☽☌♆	D
	23 28	♀△♆	
	23 59	☽⚼☉	b
8	01 13	☽♓	
Sa	05 20	☽⚺♅	g
	07 16	☽∥☉	G
	08 29	☽∥♄	B
	10 07	☽⚼♄	b
	11 06	☽⚹♇	G
	15 26	☽⚼☿	b
	16 51	☽⚹♃	G
9	03 18	☿Q♇	
Su	05 50	♀♏	
	07 03	☽⚼♀	b
	12 48	☽#♅	B
	13 54	☽∥♅	B
	22 27	☽∠♃	b
10	00 59	☿Q♂	
Mo	08 17	☽⚼♂	b
	09 43	☽⚺♆	g
	12 57	☽♈	
	16 58	☽☌♅	B
	19 07	☽#♄	B
	20 15	♀⚻♅	
	23 06	☽□♇	B
11	01 26	☽#☉	G
Tu	04 18	☽⚺♃	g
	15 54	☽∠♆	b
	16 03	☽△♂	G
	22 52	☽#☿	G
12	02 06	☽☍☉	B
We	05 17	☽☍♄	B
	08 53	☽#♀	G
	10 10	☿△♆	
	10 36	☽#♆	D
	10 48	☽∥♃	G
	22 14	☽⚹♆	G
	23 36	♀∥♆	
	23 59	♀#♃	
13	00 08	☽☍☿	B
Th	01 35	☽♉	
	03 42	♃#♆	
	05 26	☽⚺♅	g
	07 43	♀⚹♇	
	10 52	☿♏	
	11 52	☽△♇	G
	12 21	☽☍♀	B
	16 25	☽☌♃	G
	21 13	☉☌♄	
	22 13	☽∥♂	B
14	07 54	☽□♂	B
Fr	11 37	☽#♇	D
	11 44	☽∠♅	b
	14 51	☿⚻♅	
	18 17	☽⚼♇	b
	18 22	☿#♃	
	21 06	☿∥♆	
	23 53	♀☍♃	
15	10 51	☽□♆	B
Sa	12 40	♀±♅	
	14 15	☽♊	
	17 53	☽⚹♅	G
16	01 11	☽⚼♄	b
Su	04 17	☽⚺♃	g
	05 16	☽⚼☉	b
	16 58	☿⚹♇	
	20 25	☉Q♇	
	23 06	☽⚹♂	G
17	07 16	☽△♄	G
Mo	08 16	☽⚼☿	b
	09 43	☽∠♃	b
	11 08	♂⚼♅	
	13 37	☽△☉	G
	16 55	☽⚼♀	b
	18 55	☿☍♃	
	22 18	☽△♆	G
18	01 38	☽♋	
Tu	04 57	☽□♅	B
	05 51	☽∠♂	b
	09 10	☿±♅	
	11 34	☽☍♇	B
	14 32	☽⚹♃	G
	17 30	☽△☿	G
19	01 00	☽△♀	G
We	03 03	☽⚼♆	b
	04 56	☿∥♀	
	11 44	☽⚺♂	g
	14 12	☽#♇	D
	17 21	☽□♄	B
20	03 30	☽□☉	B
Th	09 45	☽∥♂	B
	10 06	☽♌	
	13 04	☽△♅	G
	13 36	☽#☿	G
	14 59	☽#♀	G
	21 37	☽□♃	B
21	07 50	☿#♂	
Fr	07 57	☽□☿	B

Date	Time	Aspect	
	10 05	☽#♆	D
	12 10	☽‖♃	G
	13 26	☽□♀	B
	15 40	☽⚼♅	b
	19 37	☽#☉	G
	20 11	☽☌♂	B
	21 56	☽⚼♇	b
	23 26	♀#♂	
	23 36	☽✱♄	G
	23 57	☉△♆	
22 Sa	11 41	☽☍♆	B
	12 35	☽✱☉	G
	13 31	♀⚼♅	
	14 41	☽♍	
	17 29	☽#♄	B
	23 27	☽△♇	G
23 Su	00 55	☽△♃	G
	01 15	☽∠♄	b
	15 23	☽∠☉	b
	16 48	☽✱☿	G
	17 26	♂⚼♇	
	18 30	☉♏	
	20 07	☽#♅	B
	20 47	☽✱♀	G
	20 57	☽‖♅	B
24 Mo	00 23	☽⊻♂	g
	01 18	☽⚼♃	b
	02 03	☽⊻♄	g
	05 15	☿⚼♅	
	15 49	☽♎	
	17 20	☽⊻☉	g
	18 12	☽☍♅	B
	19 38	☽∠☿	b
	23 03	☽∠♀	b
	23 14	☽‖♄	B
25 Tu	00 12	☽□♇	B
	01 19	☽∠♂	b
	05 59	☉▽♅	
	10 15	☉#♃	
	12 45	☽⚼♆	b
	13 09	♀∠♇	
	21 51	☽⊻☿	g
26 We	00 49	☽⊻♀	g
	00 49	☽#♃	G
	01 51	☽✱♂	G
	02 02	☽‖☉	G
	02 04	☽☌♄	B
	03 42	☽‖♆	D
	09 37	♂✱♄	
	11 14	☿‖♇	
	12 18	☽△♆	G
	15 08	☽♏	
	17 34	♀⊻♄	
	19 14	☽#♂	B
	19 28	☿∠♇	
	19 56	☽☌☉	D
	22 23	♀□♂	
	23 28	☽✱♇	G
	23 53	☽☍♃	B
27 Th	02 35	☉‖♆	
	12 49	☽‖♀	G
	16 59	☽⚼♅	b
	18 04	☽‖♇	D
	21 55	☿⊻♄	
	23 14	☽∠♇	b
	23 53	☽‖☿	G
28 Fr	01 46	☽⊻♄	g
	02 08	☽•☿	G
	02 56	☽□♂	B

Date	Time	Aspect	
	04 23	☽☌♀	G
	11 49	☽□♆	B
	14 45	☽♐	
	15 08	☿□♂	
	16 29	♃△♇	
	16 57	☽△♅	G
	18 52	☉Q♂	
	23 09	☽⊻☉	g
	23 25	☽⊻♇	g
29 Sa	01 42	☉☍♃	
	02 11	☽∠♄	b
	03 11	☉✱♇	
	15 15	♀‖♇	
	23 56	☽⚼♃	b
30 Su	01 50	☽∠☉	b
	03 17	☽✱♄	G
	06 03	☽△♂	G
	08 45	☽⊻☿	g
	10 24	☽⊻♀	g
	13 30	☽✱♆	G
	16 39	☽♑	
	18 53	☽□♅	B
31 Mo	01 19	☽△♃	G
	01 47	☉±♅	
	01 58	☽☌♇	D
	03 47	☽‖☿	G
	05 33	☽✱☉	G
	08 58	☽⚼♂	b
	13 41	☽∠☿	b
	15 03	☽∠♀	b
	15 38	☽∠♆	b
	19 08	☽‖♀	G
	21 19	♀□♆	
NOVEMBER			
1 Tu	01 30	☽‖♇	D
	01 44	♀⊥♄	
	08 15	☽□♄	B
	08 37	☿□♆	
	13 40	☿⊥♄	
	18 44	☽⊻♆	g
	19 55	☽✱☿	G
	21 00	☽✱♀	G
	21 52	♀⊥♇	
	22 08	☽♒	
	23 00	♂±♅	
2 We	00 24	☽✱♅	G
	03 37	☉#♂	
	06 53	☽□♃	B
	07 02	☿⊥♇	
	08 14	☽⊻♇	g
	08 51	♀♐	
	10 10	☽‖☉	G
	11 01	☽#♂	B
	16 38	☽□☉	B
	16 54	☿♐	
	22 40	☽‖♆	D
3 Th	04 19	☽#♃	G
	04 35	☽∠♅	b
	07 54	♀△♅	
	12 47	☽∠♇	b
	13 58	☿△♅	
	17 06	☽△♄	G
4 Fr	00 06	☽☍♂	B
	03 40	☽☌♆	D
	07 18	☽♓	
	07 19	☽‖♄	B
	09 35	☽⊻♅	g
	12 02	☽□☿	B

Date	Time	Aspect	
	12 33	☽□♀	B
	15 56	☽✱♃	G
	18 06	☽✱♇	G
	22 44	☽⚼♄	b
5 Sa	08 05	☽△☉	G
	17 25	☽‖♅	B
	18 52	♀▽♃	
	20 01	☽#♅	B
	21 13	☿▽♃	
	21 24	☽∠♃	b
6 Su	15 17	☽⊻♆	g
	16 52	☽⚼☉	b
	19 02	☽♈	
	19 59	♀⊻♇	
	21 15	☽☌♅	B
	21 42	☿⊻♇	
7 Mo	03 15	☽⊻♃	g
	06 15	☽□♇	B
	07 16	☽△☿	G
	07 23	☽#♄	B
	07 26	☽△♀	G
	12 34	♂☍♆	
	21 35	☽∠♆	b
	22 00	☽⚼♂	b
8 Tu	09 38	☽‖♃	G
	17 00	☽#♆	D
	17 13	☽⚼☿	b
	17 22	☽⚼♀	b
	18 10	☽☍♄	B
	19 39	☉⚼♅	
	22 33	☽‖♂	B
9 We	01 41	♀∠♄	
	03 10	☿∠♄	
	03 59	☽✱♆	G
	05 46	☽△♂	G
	07 45	☽♉	
	09 51	☽⊻♅	g
	15 20	☽☌♃	G
	18 55	♆Stat	
	19 08	☽△♇	G
	22 48	☽#☉	G
10 Th	03 45	♀±♃	
	05 44	☿±♃	
	16 05	☽∠♅	b
	18 41	☽#♇	D
	20 16	☽☍☉	B
11 Fr	01 27	☽⚼♇	b
	04 15	♂♍	
	16 27	☽□♆	B
	20 10	☽♊	
	20 52	☽□♂	B
	22 07	☽✱♅	G
12 Sa	03 00	☽⊻♃	g
	04 22	♄Q♇	
	13 33	☽⚼♄	b
	21 22	☽☍☿	B
	22 14	☽☍♀	B
13 Su	01 41	♂▽♅	
	08 24	☽∠♃	b
	11 15	☉∠♇	
	19 22	☽△♄	G
14 Mo	03 42	☽△♆	G
	07 19	☽♋	
	08 58	♂#♆	
	09 06	☽□♅	B
	10 28	☽✱♂	G
	13 22	☽✱♃	G
	18 26	☽☍♇	B
	21 06	☽⚼☉	b

Date	Time	Aspect	
15 Tu	08 36	☽⚼♆	b
	08 45	♀Q♆	
	16 23	☽∠♂	b
	18 10	☽#♇	D
16 We	00 15	☽#☉	G
	04 03	☽△☉	G
	05 22	☽□♄	B
	09 37	☿Q♆	
	16 17	☽☊	
	17 54	☽△♅	G
	18 01	♀⚼♃	
	19 03	☽⚼☿	b
	21 31	☽⊻♂	g
	21 33	☽□♃	B
	21 57	☽⚼♀	b
	22 08	♂△♃	
	22 45	☉⊻♄	
17 Th	15 51	☽#♆	D
	18 50	☽‖♂	B
	21 14	☽⚼♅	b
18 Fr	00 08	☽△☿	G
	00 23	☽‖♃	G
	03 59	☽△♀	G
	06 11	☽⚼♇	b
	07 05	☿⚼♃	
	12 28	☽✱♄	G
	15 09	☽□☉	B
	19 05	☽☍♆	B
	19 11	☽#♄	B
	21 25	☉‖♇	
	22 19	☽♍	
19 Sa	02 50	☽△♃	G
	05 12	☽☌♂	B
	08 32	☽△♇	G
	14 47	☽∠♄	b
20 Su	03 10	☽#♅	B
	04 20	☽⚼♃	b
	06 24	☽‖♅	B
	06 51	☽□☿	B
	12 54	☽□♀	B
	16 21	☽⊻♄	g
	20 42	☉□♆	
	22 21	☽✱☉	G
21 Mo	01 16	☽♎	
	02 35	☽☍♅	B
	09 29	☽⊻♂	g
	11 04	☽□♇	B
	13 40	☽‖♄	B
	22 52	☽⚼♆	b
22 Tu	00 46	☽∠☉	b
	05 45	☽#♃	G
	07 58	☽#♂	B
	08 19	♀✱♄	
	09 39	☽✱☿	G
	10 41	☽∠♂	b
	14 01	☽‖♆	D
	15 46	☉⊥♇	
	16 08	☉♐	
	17 43	☽☌♄	B
	18 30	☽✱♀	G
	23 04	☽△♆	G
23 We	01 58	☽♏	
	02 41	☽⊻☉	g
	05 25	☽☍♃	B
	10 04	☽∠☿	b
	10 14	☉△♅	
	11 30	☽✱♂	G
	11 35	☽✱♇	G
	14 07	♂△♇	

Date	Time	Aspect	
	14 41	☉⊥♄	
	20 40	☽∠♀	b
24 Th	03 08	☽⚼♅	b
	05 41	☽‖♇	D
	07 18	☿Stat	
	10 07	☽⊻☿	g
	11 35	☽∠♇	b
	15 43	☉▽♃	
	16 32	☽‖☉	G
	18 03	☽⊻♄	g
	22 25	☿‖♀	
	22 49	☽⊻♀	g
	23 04	☽□♆	B
25 Fr	01 52	♀✱♆	
	01 57	☽♐	
	03 09	☽△♅	G
	06 10	☽ ● ●	D
	11 45	☽⊻♇	g
	13 06	☽□♂	B
	18 24	☽∠♄	b
26 Sa	04 41	♂‖♃	
	05 17	☽⚼♃	b
	10 03	☽☌☿	G
	12 36	♀♑	
	19 12	☽✱♄	G
27 Su	00 06	☽✱♆	G
	02 27	♀□♅	
	03 04	☽♑	
	04 16	☽□♅	B
	04 27	☽☌♀	G
	06 01	☽△♃	G
	11 15	☽⊻☉	g
	13 25	☽☌♇	D
	15 44	☽‖☉	G
	16 23	☽△♂	G
	21 23	♀△♃	
28 Mo	01 34	☽∠♆	b
	09 48	☽‖♇	D
	10 56	☽⊻☿	g
	15 07	☽∠☉	b
	18 36	☉⊻♇	
	19 14	☽⚼♂	b
	23 01	☽□♄	B
29 Tu	03 53	☽⊻♆	g
	07 02	☽♒	
	08 16	☽✱♅	G
	09 50	☽□♃	B
	12 01	☽∠☿	b
	13 51	☽⊻♀	g
	18 14	☽⊻♇	g
	20 09	☽✱☉	G
30 We	02 01	☉±♃	
	06 32	☽‖♆	D
	11 41	☽∠♅	b
	13 36	☽✱☿	G
	17 17	☽#♃	G
	19 34	☿⚼♃	
	20 22	☽#♂	B
	20 26	☽∠♀	b
	22 06	☽∠♇	b
	23 17	☿Q♆	
DECEMBER			
1 Th	06 37	☽△♄	G
	08 50	☽‖♄	B
	11 26	☽☌♆	D
	13 51	♀☌♇	
	14 45	☽♓	
	16 03	☽⊻♅	g

Day	Time	Aspect	
	17 23	☽⚹♃	G
2	02 54	☽⚹♇	G
Fr	04 19	☽⚹♀	G
	09 48	☉∥☿	
	09 52	☽□☉	B
	10 02	☽☍♂	B
	11 50	☽⚼♄	b
	13 08	☉□♂	
	18 06	☽□☿	B
	21 33	♀Q♄	
	22 29	☽∠♃	b
	23 07	☽∥♅	B
3	03 26	☽⋕♅	B
Sa	11 58	☉∠♄	
	22 27	☽⚺♆	g
4	01 51	☽♈	
Su	03 10	☽☌♅	B
	04 13	☽⚺♃	g
	08 52	☉☌☿	
	14 40	☽□♇	B
	19 32	☽⋕♄	B
	21 51	☿∠♄	
	22 56	☽□♀	B
	23 19	☿□♂	
5	00 00	☽△☿	G
Mo	03 20	☽△☉	G
	04 19	☿⚺♀	
	04 39	☽∥♂	B
	04 45	☽∠♆	b
	06 06	♂∠♄	
	10 54	☽∥♃	G
	15 07	♀△♂	
	23 03	☽⋕♆	D
6	03 19	☽⚼☿	b
Tu	06 56	☽☍♄	B
	07 37	☽⚼♂	b
	11 13	☽⚹♆	G
	12 37	☽⚼☉	b
	14 34	☽♉	
	15 53	☽⚺♅	g
	16 36	☽☌♃	G
7	03 38	☽△♇	G
We	07 08	♀∠♆	
	13 35	☿⊥♀	
	15 02	☽△♂	G
	18 46	☽△♀	G
	22 11	☽∠♅	b

Day	Time	Aspect	
	22 51	☿∥♇	
8	01 16	☽⋕☿	G
Th	01 39	☽⋕♇	D
	06 42	☿±♃	
	08 43	☉⚼♃	
	09 55	☽⚼♇	b
	16 13	☿⚺♇	
	20 02	☉Q♆	
	23 39	☽□♆	B
9	02 52	☽♊	
Fr	04 09	☽⚹♅	G
	04 13	☽⚼♀	b
	04 33	☽⚺♃	g
	14 07	☽☍☿	B
10	01 44	☽⚼♄	b
Sa	04 44	☽□♂	B
	07 03	♅Stat	
	09 56	☽∠♃	b
	14 36	☽•☉	B
11	07 05	☽△♄	G
Su	10 24	☽△♆	G
	13 26	☽♋	
	13 44	♀Q♅	
	14 40	☽□♅	B
	14 49	☽⚹♃	G
12	00 56	☿∠♀	
Mo	02 03	☽☍♇	B
	14 58	☽⚼♆	b
	16 08	☽⚹♂	G
	23 25	☽⋕♇	D
13	01 17	☽⚼☿	b
Tu	04 27	☽☍♀	B
	05 23	♃⚺♅	
	09 16	☽⋕☿	G
	16 05	☽□♄	B
	20 53	☽∠♂	b
	21 48	☽♌	
	21 55	☉⚺♀	
	22 56	☽□♃	B
	23 00	☽△♅	G
14	01 44	☿Stat	
We	04 53	☽△☿	G
	10 47	☽⚼☉	b
	16 16	♀⊥♆	
	21 52	☽⋕♆	D
	23 26	☉∥♀	
15	01 02	☽⚺♂	g

Day	Time	Aspect	
Th	02 20	☽⚼♅	b
	06 26	♂⋕♄	
	09 06	☽∥♃	G
	13 16	☽⚼♇	b
	16 06	☽△☉	G
	20 20	☽⋕♄	B
	20 45	☽∥♂	B
	22 50	☽⚹♄	G
16	01 20	☽☍♆	B
Fr	03 58	☽♍	
	04 55	☽△♃	G
	11 36	☽□☿	B
	15 55	☽△♇	G
	16 01	♂⚼♃	
	22 00	☽⚼♀	b
17	01 24	☽∠♄	b
Sa	07 08	☽⚼♃	b
	07 34	☽☌♂	B
	09 07	☽⋕♅	B
	12 49	☽∥♅	B
18	00 48	☽□☉	B
Su	02 29	☽△♀	G
	03 28	☽⚺♄	g
	08 06	☽♎	
	09 15	☽☍♅	B
	14 18	♀□♄	
	17 24	☽⚹☿	G
	19 45	☽□♇	B
	22 34	☽⋕♂	B
19	00 59	☽∥♄	B
Mo	07 06	☽⚼♆	b
	11 03	☽⋕♃	G
	12 00	☽⚺♂	g
	14 52	♀⚺♆	
	16 24	☉⚹♄	
	19 57	☽∠☿	b
	21 24	☽∥♆	D
20	01 45	☿±♃	
Tu	06 19	☽☌♄	B
	07 17	☽⚹☉	G
	08 13	☽△♆	G
	09 49	☽□♀	B
	10 33	☽♏	
	11 14	☽☍♃	B
	13 36	☽∠♂	b
	16 32	☿⚺♇	
	18 26	♀♒	

Day	Time	Aspect	
	20 46	☉⚹♆	
	22 01	☽⚹♇	G
	22 21	☽⚺☿	g
21	02 19	♀□♃	
We	07 56	♀⚹♅	
	09 59	☽∠☉	b
	12 30	☽⚼♅	b
	14 37	☿∥♇	
	14 57	☽⚹♂	G
	15 22	☽∥♇	D
	15 27	☽∥☿	G
	22 49	☽∠♇	b
22	05 30	☉♑	
Th	08 07	☽⚺♄	g
	09 49	☽□♆	B
	12 03	☽♐	
	12 32	☽⚺☉	g
	12 35	☽∥♀	G
	13 12	☽△♅	G
	14 32	☉△♃	
	15 53	☽⚹♀	G
	20 30	♀⚼♂	
	22 14	☉□♅	
	23 35	☽⚺♇	g
23	03 10	☽☌☿	G
Fr	08 59	☽∠♄	b
	13 25	☽⚼♃	b
	17 30	☽□♂	B
	18 58	☽∠♀	b
24	10 03	☽⚹♄	G
Sa	11 36	☽⚹♆	G
	13 47	☽♑	
	14 24	☽△♃	G
	15 00	☽□♅	B
	18 06	☽☌☉	D
	22 26	☽⚺♀	g
25	01 42	☽☌♇	D
Su	07 59	☽∥♀	G
	09 23	☽⚺☿	g
	10 47	☽∥☿	G
	13 01	☽∠♆	b
	20 21	☽∥♇	D
	20 32	☿∥♀	
	21 11	☽△♂	G
	22 08	♃Stat	
26	13 02	☿∠♄	
Mo	13 17	♀⚺♇	

Day	Time	Aspect	
	13 36	☽□♄	B
	13 39	☽∠☿	b
	15 02	☽⚺♆	g
	17 14	☽♒	
	17 53	☽□♃	B
	18 34	☽⚹♅	G
	23 57	☽⚼♂	b
27	01 59	☽⚺☉	g
Tu	05 55	☽⚺♇	g
	07 33	☽☌♀	G
	17 28	☽∥♆	D
	19 01	☽⚹☿	G
	21 28	☽∠♅	b
28	04 16	☽⋕♃	G
We	07 23	☽∠☉	b
	09 13	☽∠♇	b
	13 28	☿⚼♃	
	14 17	☽∥♄	B
	20 10	☽△♄	G
	21 31	☽☌♆	D
	23 00	☽⋕♂	B
	23 45	☽♓	
29	00 28	☽⚹♃	G
Th	01 15	☽⚺♅	g
	07 43	☉☌♇	
	11 05	♀∥♇	
	13 27	☽⚹♇	G
	13 56	☽⚹☉	G
	16 57	☿Q♆	
	21 04	☽⚺♀	g
30	00 49	☽⚼♄	b
Fr	05 08	☽∠♃	b
	08 04	☽∥♅	B
	09 40	☽□☿	B
	11 32	☽⋕♅	B
	13 37	☽☍♂	B
31	05 36	☽∠♀	b
Sa	07 34	☽⚺♆	g
	09 48	☽♈	
	10 38	☽⚺♃	g
	11 28	☽☌♅	B
	13 57	♀⊥♇	
	20 35	☽∥♂	B

DISTANCES APART OF ALL ☌s AND ☍s IN 2011

Note: The Distances Apart are in Declination

JANUARY

2	14 02	☽ ☌ ☿	3 48
3	17 42	☽ ☌ ♇	4 15
4	09 03	☽ • ●	0 59
4	12 53	♃ ☌ ♅	0 29
4	23 49	☽ ☌ ♂	2 40
7	20 51	☽ ☌ ♆	4 28
10	09 43	☽ ☌ ♅	5 28
10	11 12	☽ ☌ ♃	5 56
12	01 47	☽ ☍ ♄	6 58
16	06 08	☽ ☍ ♀	5 22
18	05 45	☽ ☍ ☿	0 05
18	05 45	☽ ☍ ♇	4 11
18	05 50	☿ ☌ ♇	4 06
19	21 21	☽ ☍ ☉	2 19
20	03 42	☽ ☍ ♂	3 37
21	18 57	☽ ☍ ♆	4 28
23	20 08	☽ ☍ ♅	5 25
24	00 22	☽ ☍ ♃	5 52
25	04 35	☽ ☌ ♄	6 58
30	03 18	☽ ☌ ♀	3 29
31	02 02	☽ ☌ ♇	4 07

FEBRUARY

1	16 41	☽ ☌ ☿	3 24
3	02 31	☽ ☌ ☉	3 17
3	03 16	☽ ☌ ♂	4 21
4	06 11	☽ ☌ ♆	4 27
4	16 40	☉ ☌ ♂	1 02
6	19 13	☽ ☌ ♅	5 21
7	04 50	☽ ☌ ♃	5 45
8	09 20	☽ ☍ ♄	6 57
10	01 52	♀ ☌ ♇	2 20
14	17 46	☽ ☍ ♇	3 59
15	03 42	☽ ☍ ♀	0 49
17	09 56	☉ ☌ ♆	0 27
17	22 35	☽ ☍ ☿	5 46
18	03 30	☽ ☍ ♂	4 56
18	07 08	☽ ☍ ♆	4 28
18	08 36	☽ ☍ ☉	4 03
20	07 18	☽ ☍ ♅	5 18
20	18 23	☽ ☍ ♃	5 40
20	22 44	☿ ☌ ♂	0 56
21	01 07	☿ ☌ ♆	1 29
21	04 17	♂ ☌ ♆	0 33
21	11 37	☽ ☌ ♄	6 56
25	08 48	☉ ☌ ☿	1 44
27	08 54	☽ ☌ ♇	3 53

MARCH

1	02 57	☽ ☌ ♀	1 29
3	14 36	☽ ☌ ♆	4 30
4	07 28	☽ ☌ ♂	5 17
4	20 46	☽ ☌ ☉	4 27
5	12 56	☽ ☌ ☿	5 31
6	04 34	☽ ☌ ♅	5 14
6	23 43	☽ ☌ ♃	5 32
7	13 21	☽ ☍ ♄	6 54
9	16 05	☿ ☌ ♅	0 18
14	03 50	☽ ☍ ♇	3 43
16	01 26	☿ ☌ ♃	1 50
17	01 05	☽ ☍ ♀	3 43
17	19 58	☽ ☍ ♆	4 34
18	13 55	☿ ☍ ♄	3 50
19	02 50	☽ ☍ ♂	5 28
19	18 10	☽ ☍ ☉	4 35
19	20 45	☽ ☍ ♅	5 14
20	15 22	☽ ☍ ♃	5 27
20	19 27	☽ ☌ ♄	6 55
21	00 47	☽ ☍ ☿	2 31
21	12 24	☉ ☌ ♅	0 39
26	15 48	☽ ☌ ♇	3 37
27	01 39	♀ ☌ ♆	0 08
28	21 55	♃ ☍ ♄	1 31
30	22 21	☽ ☌ ♆	4 39
31	08 29	☽ ☌ ♀	5 07

APRIL

2	11 43	☽ ☌ ♂	5 26
2	13 45	☽ ☌ ♅	5 13
3	14 32	☽ ☌ ☉	4 24
3	15 22	☽ ☍ ♄	6 55
3	19 08	☽ ☌ ♃	5 21
3	20 52	♂ ☌ ♅	0 12
3	23 56	☉ ☍ ♄	2 31
4	10 04	☽ ☌ ☿	1 10
6	14 40	☉ ☌ ♃	1 00
9	19 36	☉ ☌ ☿	2 13
10	11 01	☽ ☍ ♇	3 28
12	03 59	☿ ☌ ♃	2 42
14	07 07	☽ ☍ ♆	4 46
15	20 49	☽ ☍ ♀	5 57
16	10 07	☽ ☍ ♅	5 16
17	01 09	☽ ☍ ♂	5 15
17	03 17	☽ ☌ ♄	6 58
17	05 49	☽ ☍ ☿	3 58
17	13 05	☽ ☍ ♃	5 17
18	02 44	☽ ☍ ☉	3 59
18	16 02	♂ ☍ ♄	1 46
19	14 58	☿ ☌ ♂	0 35
22	23 51	☽ ☌ ♇	3 23
23	02 28	♀ ☌ ♅	0 47
27	06 05	☽ ☌ ♆	4 51
29	22 59	☽ ☌ ♅	5 18
30	16 54	☽ ☌ ♀	6 02
30	17 41	☽ ☍ ♄	7 00

MAY

1	00 13	☽ ☌ ☿	6 43
1	00 14	♀ ☍ ♄	0 58
1	04 26	♂ ☌ ♃	0 20
1	14 51	☽ ☌ ♃	5 12
1	15 20	☽ ☌ ♂	4 51
3	06 51	☽ ☌ ☉	3 15
7	16 10	☽ ☍ ♇	3 18
9	15 44	☿ ☌ ♀	1 21
11	14 42	♀ ☌ ♃	0 32
11	15 19	☽ ☍ ♆	4 58
11	19 57	☿ ☌ ♃	1 55
13	21 20	☽ ☍ ♅	5 22
14	10 06	☽ ☌ ♄	7 02
15	09 28	☽ ☍ ♃	5 08
15	15 51	☽ ☍ ☿	6 48
15	16 01	☽ ☍ ♀	5 28
15	22 08	☽ ☍ ♂	4 19
16	09 25	☿ ☌ ♀	1 19
17	11 09	☽ ☍ ☉	2 20
20	08 46	☽ ☌ ♇	3 17
21	01 20	☿ ☌ ♂	2 02
23	08 25	♀ ☌ ♂	0 56
24	14 11	☽ ☌ ♆	5 01
27	08 19	☽ ☌ ♅	5 24
27	22 10	☽ ☍ ♄	7 02
29	10 28	☽ ☌ ♃	5 03
30	17 43	☽ ☌ ♂	3 35
31	01 23	☽ ☌ ♀	4 11
31	15 37	☽ ☌ ☿	3 36

JUNE

1	21 03	☽ • ●	1 07
3	21 08	☽ ☍ ♇	3 17
7	21 08	☽ ☍ ♆	5 04
10	05 34	☽ ☍ ♅	5 26
10	16 00	☽ ☌ ♄	7 01
12	03 04	☽ ☍ ♃	4 58
12	23 44	☉ ☌ ☿	0 54
13	17 43	☽ ☍ ♂	2 45
14	12 47	☽ ☍ ♀	2 25
15	20 14	☽ •–• ☉	0 05
16	03 31	☽ ☍ ☿	1 48
16	17 23	☽ ☌ ♇	3 18
19	19 18	☿ ☍ ♇	6 11
20	22 24	☽ ☌ ♆	5 04
23	17 23	☽ ☌ ♅	5 26
24	05 41	☽ ☍ ♄	6 57
26	05 07	☽ ☌ ♃	4 52
28	05 19	☉ ☍ ♇	4 29
28	18 22	☽ ☌ ♂	1 43
30	07 33	☽ • ♀	0 05

JULY

1	03 21	☽ ☍ ♇	3 20
1	08 54	☽ • ●	1 26
2	23 55	☽ ☌ ☿	4 47
5	02 23	☽ ☍ ♆	5 02
7	11 34	☽ ☍ ♅	5 24
7	22 20	☽ ☌ ♄	6 52
9	00 31	♀ ☍ ♇	4 34
9	17 11	☽ ☍ ♃	4 45
12	11 56	☽ ☍ ♂	0 42
14	00 34	☽ ☌ ♇	3 19
14	12 55	☽ ☍ ♀	2 03
15	06 40	☽ ☍ ☉	2 31
17	12 23	☽ ☍ ☿	3 55
18	06 02	☽ ☌ ♆	5 00
21	01 30	☽ ☌ ♅	5 21
21	15 53	☽ ☍ ♄	6 44
23	21 19	☽ ☌ ♃	4 38
27	16 55	☽ • ♂	0 29
28	11 08	☽ ☍ ♇	3 17
29	04 00	☿ ☍ ♆	3 02
30	10 03	☽ ☌ ♀	4 03
30	18 40	☽ ☌ ☉	3 30

AUGUST

1	08 51	☽ ☍ ♆	4 57
1	10 28	☽ ☌ ☿	1 18
3	17 12	☽ ☍ ♅	5 18
4	06 53	☽ ☌ ♄	6 36
6	03 52	☽ ☍ ♃	4 32
8	14 27	☿ ☍ ♆	4 49
10	04 51	☽ ☍ ♂	1 30
10	06 06	☽ ☌ ♇	3 13
11	05 14	♂ ☍ ♇	4 48
13	17 22	☽ ☍ ♀	5 16
13	18 57	☽ ☍ ☉	4 07
14	05 29	☽ ☍ ☿	0 14
14	12 25	☽ ☌ ♆	4 55
16	12 08	☉ ☌ ♀	1 13
16	23 21	☿ ☌ ♀	5 34
17	01 04	☉ ☌ ☿	4 20
17	08 03	☽ ☌ ♅	5 14
18	03 47	☽ ☍ ♄	6 27
20	09 14	☽ ☌ ♃	4 25
21	13 39	♀ ☍ ♆	0 45
22	23 26	☉ ☍ ♆	0 31
24	19 47	☽ ☍ ♇	3 05
25	13 04	☽ ☌ ♂	2 38
27	23 48	☽ ☌ ☿	2 16
28	17 11	☽ ☍ ♆	4 55
29	03 04	☽ ☌ ☉	4 31
29	09 10	☽ ☌ ♀	5 53
31	00 08	☽ ☍ ♅	5 11
31	18 43	☽ ☌ ♄	6 18

SEPTEMBER

2	11 51	☽ ☍ ♃	4 21
6	11 00	☽ ☌ ♇	2 57
7	20 35	☽ ☍ ♂	3 31
8	15 25	☿ ☍ ♆	0 27
10	17 32	☽ ☌ ♆	4 55
11	01 06	☽ ☍ ☿	5 46
12	09 27	☽ ☍ ☉	4 36
13	01 45	☽ ☍ ♀	5 45
13	12 59	☽ ☌ ♅	5 09
14	16 26	☽ ☍ ♄	6 10
16	15 26	☽ ☌ ♃	4 19
17	11 05	♀ ☍ ♅	0 27
21	04 09	☽ ☍ ♇	2 45
23	06 24	☽ ☌ ♂	4 26
25	02 39	☽ ☍ ♆	4 59
26	00 15	☉ ☍ ♅	0 42
27	06 30	☿ ☍ ♅	0 39
27	08 49	☽ ☍ ♅	5 09
27	09 08	☽ ☌ ☿	5 48
27	11 09	☽ ☌ ☉	4 25
28	06 33	☽ ☌ ♀	5 00
28	09 37	☽ ☌ ♄	6 04
28	20 16	☉ ☌ ☿	1 15
29	18 12	☽ ☍ ♃	4 20
29	23 48	♀ ☌ ♄	1 11

OCTOBER

3	17 08	☽ ☌ ♇	2 35
6	11 08	☽ ☍ ♂	5 06
6	22 01	☿ ☌ ♄	1 34
7	22 08	☽ ☌ ♆	5 02
10	16 58	☽ ☌ ♅	5 10
12	02 06	☽ ☍ ☉	3 57
12	05 17	☽ ☍ ♄	5 58
13	00 08	☽ ☍ ☿	3 20
13	12 21	☽ ☍ ♀	3 35
13	16 25	☽ ☌ ♃	4 23
13	21 13	☉ ☌ ♄	2 05
14	23 53	♀ ☍ ♃	0 58
17	18 55	☿ ☍ ♃	2 03
18	11 34	☽ ☍ ♇	2 23
21	20 11	☽ ☌ ♂	5 46
22	11 41	☽ ☍ ♆	5 08
24	18 12	☽ ☍ ♅	5 14
26	02 04	☽ ☌ ♄	5 56
26	19 56	☽ ☌ ☉	3 14
26	23 53	☽ ☍ ♃	4 29

DISTANCES APART OF ALL ☌s AND ☍s IN 2011

Note: The Distances Apart are in Declination

d	h m	Aspect	Dist.
28	02 08	☽ • ☿	0 13
28	04 23	☽ ☌ ♀	1 44
29	01 42	☉ ☍ ♃	1 24
31	01 58	☽ ☌ ♇	2 15
NOVEMBER			
4	00 06	☽ ☍ ♂	6 13
4	03 40	☽ ☌ ♆	5 12
6	21 15	☽ ☌ ♅	5 17
7	12 34	♂ ☍ ♆	1 06
8	18 10	☽ ☍ ♄	5 53
9	15 20	☽ ☌ ♃	4 35
10	20 16	☽ ☍ ☉	2 14
12	21 22	☽ ☍ ☿	2 31
12	22 14	☽ ☍ ♀	0 39
14	18 26	☽ ☍ ♇	2 06
18	19 05	☽ ☍ ♆	5 16
19	05 12	☽ ☌ ♂	6 39
21	02 35	☽ ☍ ♅	5 20
22	17 43	☽ ☌ ♄	5 52
23	05 25	☽ ☍ ♃	4 39
25	06 10	☽ • ●	1 03
26	10 03	☽ ☌ ☿	1 45
27	04 27	☽ ☌ ♀	2 49
27	13 25	☽ ☌ ♇	2 01
DECEMBER			
1	11 26	☽ ☌ ♆	5 18
1	13 51	♀ ☌ ♇	5 25
2	10 02	☽ ☍ ♂	6 57
4	03 10	☽ ☌ ♅	5 20
4	08 52	☉ ☌ ☿	1 15
6	06 56	☽ ☍ ♄	5 51
6	16 36	☽ ☌ ♃	4 41
9	14 07	☽ ☍ ☿	3 16
10	14 36	◗ • ☉	0 21
12	02 03	☽ ☍ ♇	1 56
13	04 27	☽ ☍ ♀	4 49
16	01 20	☽ ☍ ♆	5 17
17	07 34	☽ ☌ ♂	7 14
18	09 15	☽ ☍ ♅	5 19
20	06 19	☽ ☌ ♄	5 49
20	11 14	☽ ☍ ♃	4 38
23	03 10	☽ ☌ ☿	2 33
24	18 06	☽ ☌ ☉	1 39
25	01 42	☽ ☌ ♇	1 53
27	07 33	☽ ☌ ♀	5 53
28	21 31	☽ ☌ ♆	5 16
29	07 43	☉ ☌ ♇	3 55
30	13 37	☽ ☍ ♂	7 28
31	11 28	☽ ☌ ♅	5 16

PHENOMENA IN 2011

d h	
	JANUARY
2 10	☽ Max. Dec.24°S14′
3 19	⊕ in perihelion
4 09	● Partial eclipse
8 15	♀ Gt.Elong. 47 ° W.
9 14	☿ Gt.Elong. 23 ° W.
9 15	☽ Zero Dec.
10 06	☽ in Apogee
16 23	☽ Max. Dec.24°N13′
21 00	☿ ☋
22 00	☽ in Perigee
23 05	☽ Zero Dec.
29 16	☽ Max. Dec.24°S11′
31 09	☿ in aphelion
	FEBRUARY
5 23	☽ Zero Dec.
6 23	☽ in Apogee
13 09	☽ Max. Dec.24°N05′
19 08	☽ in Perigee
19 15	☽ Zero Dec.
25 22	☽ Max. Dec.23°S59′
	MARCH
5 06	☽ Zero Dec.
6 08	☽ in Apogee
9 14	♂ in perihelion
11 16	☿ ☊
12 17	☽ Max. Dec.23°N49′
15 07	♀ ☋
16 08	☿ in perihelion
18 23	♃ in perihelion
19 02	☽ Zero Dec.
19 19	☽ in Perigee
20 23	☉ enters ♈,Equinox
23 01	☿ Gt.Elong. 19 ° E.
25 05	☽ Max. Dec.23°S43′
	APRIL
1 12	☽ Zero Dec.
2 09	☽ in Apogee
8 23	☽ Max. Dec.23°N34′
15 12	☽ Zero Dec.
17 06	☽ in Perigee
18 23	☿ ☋
19 00	♀ in aphelion
21 14	☽ Max. Dec.23°S30′
28 18	☽ Zero Dec.
29 08	☿ in aphelion
29 18	☽ in Apogee

d h	
	MAY
6 04	☽ Max. Dec.23°N25′
7 19	☿ Gt.Elong. 27 ° W.
12 20	☽ Zero Dec.
15 12	☽ in Perigee
18 23	☽ Max. Dec.23°S24′
26 00	☽ Zero Dec.
27 10	☽ in Apogee
	JUNE
1 21	● Partial eclipse
2 10	☽ Max. Dec.23°N23′
7 16	☿ ☊
9 02	☽ Zero Dec.
12 02	☽ in Perigee
12 08	☿ in perihelion
15 09	☽ Max. Dec.23°S24′
15 20	◗ Total eclipse
21 17	☉ enters ♋,Solstice
22 08	☽ Zero Dec.
24 04	☽ in Apogee
29 18	☽ Max. Dec.23°N24′
	JULY
1 09	● Partial eclipse
4 15	⊕ in aphelion
6 07	☽ Zero Dec.
6 11	♀ ☊
7 14	☽ in Perigee
8 08	♂ ☊
12 17	☽ Max. Dec.23°S23′
15 23	☿ ☋
19 16	☽ Zero Dec.
20 05	☿ Gt.Elong. 27 ° E.
21 23	☽ in Apogee
26 07	☿ in aphelion
27 03	☽ Max. Dec.23°N20′
	AUGUST
2 14	☽ Zero Dec.
2 21	☽ in Perigee
8 23	☽ Max. Dec.23°S16′
9 09	♀ in perihelion
16 01	☽ Zero Dec.
18 16	☽ in Apogee
23 12	☽ Max. Dec.23°N09′
30 00	☽ Zero Dec.
30 17	☽ in Perigee

d h	
	SEPTEMBER
3 06	☿ Gt.Elong. 18 ° W.
3 15	☿ ☊
5 05	☽ Max. Dec.23°S03′
8 07	☿ in perihelion
12 08	☽ Zero Dec.
15 06	☽ in Apogee
19 20	☽ Max. Dec.22°N53′
23 09	☉ enters ♎,Equinox
26 10	☽ Zero Dec.
28 01	☽ in Perigee
	OCTOBER
2 12	☽ Max. Dec.22°S47′
9 13	☽ Zero Dec.
11 22	☿ ☋
12 11	☽ in Apogee
17 02	☽ Max. Dec.22°N40′
22 06	☿ in aphelion
23 21	☽ Zero Dec.
26 00	♀ ☋
26 12	☽ in Perigee
29 20	☽ Max. Dec.22°S36′
	NOVEMBER
5 19	☽ Zero Dec.
8 13	☽ in Apogee
13 07	☽ Max. Dec.22°N33′
14 08	☿ Gt.Elong. 23 ° E.
20 05	☽ Zero Dec.
23 23	☽ in Perigee
25 06	● Partial eclipse
26 07	☽ Max. Dec.22°S33′
29 16	♀ in aphelion
30 14	☿ ☊
	DECEMBER
3 01	☽ Zero Dec.
5 06	☿ in perihelion
6 01	☽ in Apogee
10 14	☽ Max. Dec.22°N33′
10 15	◗ Total eclipse
17 11	☽ Zero Dec.
22 03	☽ in Perigee
22 05	☉ enters ♑,Solstice
23 06	☿ Gt.Elong. 22 ° W.
23 17	☽ Max. Dec.22°S33′
30 10	☽ Zero Dec.

LOCAL MEAN TIME OF SUNRISE FOR LATITUDES
60° North to 50° South
FOR ALL SUNDAYS IN 2011 (ALL TIMES ARE A.M.)

	Northern Latitudes									Southern Latitudes				
Date	LON-DON	60°	55°	50°	40°	30°	20°	10°	0°	10°	20°	30°	40°	50°
2010	H M	H M	H M	H M	H M	H M	H M	H M	H M	H M	H M	H M	H M	H M
Dec. 26	8 6	9 4	8 25	7 58	7 21	6 54	6 33	6 14	5 57	5 40	5 21	4 59	4 31	3 50
2011														
Jan. 2	8 6	9 3	8 25	7 59	7 22	6 56	6 36	6 18	6 0	5 43	5 25	5 3	4 36	3 56
,, 9	8 4	8 57	8 22	7 57	7 22	6 57	6 37	6 20	6 4	5 47	5 29	5 9	4 42	4 5
,, 16	7 59	8 47	8 15	7 52	7 20	6 57	6 38	6 22	6 6	5 51	5 34	5 14	4 50	4 15
,, 23	7 51	8 34	8 6	7 46	7 16	6 55	6 38	6 23	6 8	5 54	5 38	5 21	4 58	4 26
,, 30	7 42	8 19	7 55	7 37	7 11	6 52	6 36	6 23	6 10	5 57	5 43	5 27	5 6	4 38
Feb. 6	7 31	8 3	7 42	7 27	7 4	6 47	6 34	6 22	6 11	5 59	5 47	5 33	5 15	4 50
,, 13	7 18	7 44	7 28	7 15	6 56	6 42	6 31	6 20	6 11	6 1	5 51	5 39	5 23	5 3
,, 20	7 5	7 25	7 12	7 2	6 47	6 36	6 26	6 18	6 10	6 2	5 54	5 44	5 32	5 15
,, 27	6 50	7 5	6 55	6 48	6 37	6 28	6 21	6 15	6 9	6 3	5 57	5 49	5 40	5 27
Mar. 6	6 35	6 44	6 38	6 33	6 26	6 21	6 16	6 12	6 8	6 4	5 59	5 54	5 47	5 38
,, 13	6 19	6 23	6 21	6 18	6 15	6 13	6 10	6 8	6 6	6 4	6 2	5 59	5 55	5 50
,, 20	6 3	6 2	6 3	6 3	6 4	6 4	6 4	6 4	6 4	6 4	6 4	6 3	6 2	6 1
,, 27	5 47	5 41	5 45	5 48	5 52	5 56	5 58	6 0	6 2	6 4	6 5	6 7	6 9	6 12
Apr. 3	5 31	5 20	5 27	5 33	5 41	5 47	5 52	5 56	6 0	6 4	6 7	6 12	6 17	6 23
,, 10	5 16	4 59	5 10	5 18	5 30	5 39	5 46	5 52	5 58	6 3	6 9	6 16	6 24	6 34
,, 17	5 0	4 38	4 52	5 3	5 20	5 31	5 41	5 49	5 56	6 4	6 11	6 20	6 31	6 45
,, 24	4 46	4 18	4 36	4 50	5 10	5 24	5 35	5 45	5 55	6 4	6 13	6 24	6 38	6 55
May 1	4 32	3 58	4 20	4 37	5 0	5 17	5 31	5 43	5 54	6 4	6 16	6 29	6 45	7 6
,, 8	4 20	3 40	4 6	4 25	4 52	5 12	5 27	5 41	5 53	6 5	6 18	6 33	6 51	7 16
,, 15	4 9	3 23	3 53	4 14	4 45	5 7	5 24	5 39	5 53	6 7	6 21	6 38	6 58	7 26
,, 22	3 59	3 7	3 41	4 5	4 39	5 3	5 22	5 38	5 53	6 8	6 24	6 42	7 4	7 36
,, 29	3 51	2 54	3 32	3 58	4 35	5 0	5 20	5 38	5 54	6 10	6 27	6 46	7 10	7 44
June 5	3 46	2 44	3 25	3 53	4 32	4 59	5 20	5 38	5 55	6 12	6 29	6 50	7 15	7 51
,, 12	3 43	2 38	3 21	3 51	4 31	4 58	5 20	5 39	5 56	6 13	6 32	6 53	7 19	7 56
,, 19	3 42	2 36	3 20	3 50	4 31	4 59	5 21	5 40	5 58	6 15	6 34	6 55	7 22	7 59
,, 26	3 44	2 38	3 22	3 52	4 33	5 1	5 23	5 42	5 59	6 17	6 35	6 56	7 23	8 0
July 3	3 48	2 44	3 27	3 56	4 36	5 3	5 25	5 43	6 1	6 18	6 36	6 57	7 23	7 59
,, 10	3 55	2 54	3 34	4 2	4 40	5 6	5 27	5 45	6 2	6 18	6 36	6 56	7 21	7 56
,, 17	4 3	3 7	3 44	4 9	4 45	5 10	5 30	5 47	6 3	6 18	6 35	6 54	7 17	7 50
,, 24	4 12	3 22	3 55	4 18	4 51	5 14	5 32	5 48	6 3	6 18	6 33	6 51	7 12	7 43
,, 31	4 22	3 38	4 6	4 27	4 57	5 18	5 35	5 49	6 3	6 16	6 30	6 46	7 6	7 33
Aug. 7	4 32	3 54	4 19	4 37	5 4	5 22	5 37	5 50	6 2	6 14	6 27	6 41	6 59	7 23
,, 14	4 43	4 11	4 32	4 48	5 10	5 26	5 39	5 51	6 1	6 12	6 22	6 35	6 50	7 10
,, 21	4 54	4 28	4 45	4 58	5 17	5 30	5 41	5 51	6 0	6 8	6 18	6 28	6 40	6 57
,, 28	5 5	4 44	4 58	5 8	5 23	5 34	5 43	5 51	5 58	6 5	6 12	6 20	6 30	6 43
Sept. 4	5 17	5 1	5 11	5 19	5 30	5 38	5 45	5 50	5 56	6 1	6 6	6 12	6 19	6 29
,, 11	5 28	5 17	5 24	5 29	5 37	5 42	5 46	5 50	5 53	5 57	6 0	6 3	6 8	6 13
,, 18	5 39	5 34	5 37	5 40	5 43	5 46	5 48	5 49	5 51	5 52	5 53	5 55	5 56	5 58
,, 25	5 50	5 50	5 50	5 50	5 50	5 50	5 49	5 49	5 48	5 48	5 47	5 46	5 45	5 43
Oct. 2	6 2	6 7	6 3	6 1	5 57	5 54	5 51	5 48	5 46	5 43	5 41	5 37	5 33	5 27
,, 9	6 13	6 24	6 17	6 12	6 4	5 58	5 53	5 48	5 44	5 39	5 35	5 29	5 22	5 12
,, 16	6 25	6 41	6 31	6 23	6 11	6 2	5 55	5 48	5 42	5 36	5 29	5 21	5 11	4 57
,, 23	6 37	6 58	6 45	6 34	6 19	6 7	5 57	5 49	5 41	5 33	5 24	5 14	5 1	4 43
,, 30	6 49	7 16	6 59	6 46	6 26	6 12	6 0	5 50	5 40	5 30	5 20	5 7	4 52	4 30
Nov. 6	7 2	7 34	7 13	6 57	6 34	6 17	6 4	5 52	5 40	5 29	5 16	5 2	4 43	4 18
,, 13	7 14	7 52	7 27	7 9	6 43	6 23	6 8	5 54	5 41	5 28	5 13	4 57	4 37	4 8
,, 20	7 26	8 10	7 41	7 20	6 51	6 29	6 12	5 56	5 42	5 28	5 12	4 54	4 31	3 59
,, 27	7 37	8 26	7 54	7 31	6 58	6 35	6 16	6 0	5 44	5 28	5 11	4 52	4 27	3 52
Dec. 4	7 47	8 41	8 6	7 40	7 5	6 41	6 21	6 3	5 47	5 30	5 12	4 51	4 25	3 47
,, 11	7 56	8 52	8 15	7 48	7 12	6 46	6 25	6 7	5 50	5 32	5 14	4 52	4 25	3 45
,, 18	8 2	9 0	8 21	7 54	7 17	6 50	6 29	6 10	5 53	5 35	5 16	4 54	4 26	3 46
,, 25	8 5	9 4	8 25	7 58	7 20	6 54	6 32	6 14	5 56	5 39	5 20	4 58	4 30	3 49
2012														
Jan. 1	8 6	9 3	8 25	7 59	7 22	6 56	6 35	6 17	6 0	5 43	5 24	5 2	4 35	3 55

Example:—To find the time of Sunrise in Jamaica. (Latitude 18° N.) On Thursday June 9th. 2011. On June 5th. L.M.T. = 5h. 20m. + $\frac{8}{10}$ × 18m. = 5h. 24m. on June 12th. L.M.T. = 5h. 20m. + $\frac{8}{10}$ × 19m. = 5h. 24m., therefore L.M.T. on June 9th = 5h. 24m. + $\frac{4}{7}$ × 0m. = 5h. 24m. A.M.

LOCAL MEAN TIME OF SUNSET FOR LATITUDES
60° North to 50° South
FOR ALL SUNDAYS IN 2011 (ALL TIMES ARE P.M.)

	Northern Latitudes									Southern Latitudes				
Date	London	60°	55°	50°	40°	30°	20°	10°	0°	10°	20°	30°	40°	50°
2010	H M	H M	H M	H M	H M	H M	H M	H M	H M	H M	H M	H M	H M	H M
Dec. 26	3 55	2 57	3 36	4 3	4 40	5 7	5 28	5 47	6 4	6 22	6 41	7 3	7 31	8 11
2011														
Jan. 2	4 2	3 5	3 43	4 9	4 46	5 11	5 32	5 50	6 7	6 25	6 43	7 5	7 32	8 11
„ 9	4 10	3 17	3 52	4 17	4 52	5 17	5 37	5 54	6 11	6 27	6 45	7 6	7 32	8 9
„ 16	4 21	3 32	4 4	4 27	4 59	5 23	5 41	5 58	6 13	6 29	6 46	7 5	7 30	8 5
„ 23	4 32	3 49	4 17	4 38	5 7	5 29	5 46	6 1	6 15	6 30	6 45	7 3	7 26	7 58
„ 30	4 45	4 7	4 32	4 50	5 16	5 35	5 50	6 4	6 17	6 30	6 44	7 0	7 20	7 49
Feb. 6	4 57	4 26	4 46	5 2	5 24	5 41	5 54	6 6	6 18	6 29	6 41	6 56	7 13	7 38
„ 13	5 10	4 44	5 1	5 14	5 33	5 47	5 58	6 8	6 18	6 27	6 38	6 50	7 5	7 26
„ 20	5 23	5 3	5 16	5 26	5 41	5 52	6 1	6 10	6 17	6 25	6 34	6 44	6 56	7 13
„ 27	5 36	5 21	5 30	5 38	5 49	5 57	6 4	6 10	6 16	6 22	6 29	6 36	6 46	6 59
Mar. 6	5 48	5 38	5 45	5 49	5 57	6 2	6 7	6 11	6 15	6 19	6 23	6 29	6 35	6 44
„ 13	6 0	5 56	5 59	6 1	6 4	6 7	6 9	6 11	6 13	6 15	6 18	6 21	6 24	6 29
„ 20	6 12	6 13	6 12	6 12	6 11	6 11	6 11	6 11	6 11	6 11	6 12	6 12	6 13	6 14
„ 27	6 24	6 30	6 26	6 23	6 19	6 15	6 13	6 11	6 9	6 7	6 6	6 4	6 2	5 59
Apr. 3	6 36	6 47	6 40	6 34	6 26	6 20	6 15	6 11	6 7	6 3	5 59	5 55	5 50	5 44
„ 10	6 47	7 4	6 53	6 45	6 33	6 24	6 17	6 11	6 5	5 59	5 54	5 47	5 39	5 29
„ 17	6 59	7 21	7 7	6 56	6 40	6 28	6 19	6 11	6 3	5 56	5 48	5 39	5 29	5 15
„ 24	7 10	7 39	7 20	7 7	6 47	6 32	6 21	6 11	6 2	5 53	5 43	5 32	5 19	5 1
May 1	7 22	7 56	7 34	7 18	6 54	6 37	6 23	6 12	6 1	5 50	5 38	5 26	5 10	4 48
„ 8	7 33	8 13	7 47	7 28	7 1	6 41	6 26	6 12	6 0	5 48	5 35	5 20	5 2	4 37
„ 15	7 44	8 30	8 0	7 38	7 8	6 46	6 29	6 14	6 0	5 46	5 32	5 15	4 54	4 26
„ 22	7 54	8 46	8 12	7 48	7 14	6 50	6 31	6 15	6 0	5 45	5 29	5 11	4 49	4 18
„ 29	8 3	9 0	8 22	7 56	7 20	6 54	6 34	6 17	6 1	5 45	5 28	5 9	4 44	4 11
June 5	8 11	9 12	8 31	8 3	7 25	6 58	6 37	6 19	6 2	5 45	5 27	5 7	4 42	4 6
„ 12	8 16	9 21	8 38	8 9	7 29	7 1	6 39	6 21	6 3	5 46	5 28	5 7	4 40	4 3
„ 19	8 20	9 27	8 42	8 12	7 31	7 3	6 41	6 22	6 5	5 47	5 29	5 7	4 41	4 3
„ 26	8 21	9 27	8 43	8 13	7 33	7 5	6 43	6 24	6 6	5 49	5 30	5 9	4 42	4 5
July 3	8 20	9 24	8 41	8 12	7 32	7 5	6 43	6 25	6 8	5 50	5 32	5 12	4 46	4 9
„ 10	8 16	9 16	8 36	8 8	7 30	7 4	6 43	6 25	6 9	5 52	5 35	5 15	4 50	4 15
„ 17	8 10	9 5	8 28	8 3	7 27	7 2	6 42	6 25	6 10	5 54	5 37	5 18	4 55	4 22
„ 24	8 1	8 51	8 18	7 55	7 22	6 59	6 41	6 25	6 10	5 55	5 40	5 22	5 0	4 30
„ 31	7 51	8 35	8 6	7 45	7 16	6 55	6 38	6 23	6 10	5 56	5 42	5 26	5 7	4 39
Aug. 7	7 39	8 17	7 53	7 34	7 8	6 49	6 34	6 21	6 9	5 57	5 45	5 31	5 13	4 49
„ 14	7 26	7 58	7 38	7 22	6 59	6 43	6 30	6 19	6 8	5 58	5 47	5 35	5 19	4 59
„ 21	7 12	7 39	7 21	7 8	6 50	6 36	6 25	6 15	6 7	5 58	5 49	5 39	5 26	5 9
„ 28	6 57	7 18	7 5	6 54	6 39	6 28	6 19	6 12	6 5	5 58	5 51	5 43	5 33	5 19
Sept. 4	6 42	6 57	6 47	6 40	6 28	6 20	6 13	6 8	6 3	5 58	5 52	5 46	5 39	5 30
„ 11	6 26	6 36	6 29	6 24	6 17	6 12	6 7	6 4	6 0	5 57	5 54	5 50	5 46	5 40
„ 18	6 10	6 15	6 11	6 9	6 5	6 3	6 1	5 59	5 58	5 56	5 55	5 54	5 52	5 50
„ 25	5 53	5 53	5 53	5 54	5 54	5 54	5 54	5 55	5 55	5 56	5 57	5 58	5 59	6 1
Oct. 2	5 37	5 32	5 35	5 38	5 42	5 45	5 48	5 51	5 53	5 55	5 58	6 2	6 6	6 12
„ 9	5 22	5 11	5 18	5 23	5 31	5 37	5 42	5 47	5 51	5 55	6 0	6 6	6 13	6 23
„ 16	5 6	4 50	5 1	5 9	5 20	5 29	5 36	5 43	5 49	5 55	6 2	6 10	6 20	6 34
„ 23	4 52	4 30	4 44	4 55	5 10	5 22	5 31	5 40	5 48	5 56	6 5	6 15	6 28	6 45
„ 30	4 38	4 11	4 28	4 42	5 1	5 15	5 27	5 37	5 47	5 57	6 8	6 20	6 36	6 57
Nov. 6	4 25	3 53	4 14	4 30	4 53	5 10	5 23	5 36	5 47	5 59	6 11	6 26	6 44	7 9
„ 13	4 14	3 36	4 1	4 19	4 46	5 5	5 21	5 35	5 48	6 1	6 15	6 31	6 52	7 21
„ 20	4 5	3 21	3 50	4 11	4 41	5 2	5 19	5 35	5 49	6 4	6 19	6 37	7 0	7 32
„ 27	3 58	3 9	3 41	4 4	4 37	5 0	5 19	5 35	5 51	6 7	6 24	6 43	7 8	7 43
Dec. 4	3 53	3 0	3 35	4 0	4 35	5 0	5 20	5 37	5 54	6 10	6 28	6 49	7 15	7 53
„ 11	3 51	2 54	3 31	3 58	4 35	5 1	5 21	5 40	5 57	6 14	6 32	6 54	7 21	8 1
„ 18	3 51	2 53	3 31	3 59	4 36	5 3	5 24	5 43	6 0	6 18	6 36	6 59	7 27	8 7
„ 25	3 55	2 56	3 35	4 2	4 40	5 6	5 27	5 46	6 3	6 21	6 40	7 2	7 30	8 11
2012														
Jan. 1	4 1	3 4	3 41	4 8	4 45	5 11	5 31	5 50	6 7	6 24	6 43	7 4	7 32	8 12

Example:—To find the time of Sunset in Canberra (Latitude 35.3° S.) on Friday July 29th. 2011. On July 24th. L.M.T. = 5h. 22m. − $\frac{5.3}{10}$ × 22m. = 5h. 10m., On July 31st. L.M.T. = 5h. 26m. − $\frac{5.3}{10}$ × 19m. = 5h. 16m., therefore L.M.T. on July 29th. = 5h. 10m. + $\frac{5}{7}$ × 6m. = 5h. 14m. P.M.

TABLES OF HOUSES FOR LONDON, Latitude 51° 32' *N.*

Sidereal Time.	10 ♈	11 ♉	12 ♊	Ascen ♋	2 ♌	3 ♍
H. M. S.	°	°	°	° '	°	°
0 0 0	0	9	22	26 36	12	3
0 3 40	1	10	23	27 17	13	3
0 7 20	2	11	24	27 56	14	4
0 11 0	3	12	25	28 42	15	5
0 14 41	4	13	25	29 17	15	6
0 18 21	5	14	26	29 55	16	7
0 22 2	6	15	27	0♌34	17	8
0 25 42	7	16	28	1 14	18	8
0 29 23	8	17	29	1 55	18	9
0 33 4	9	18	♋	2 33	19	10
0 36 45	10	19	1	3 14	20	11
0 40 26	11	20	1	3 54	20	12
0 44 8	12	21	2	4 33	21	13
0 47 50	13	22	3	5 12	22	14
0 51 32	14	23	4	5 52	23	15
0 55 14	15	24	5	6 30	23	15
0 58 57	16	25	6	7 9	24	16
1 2 40	17	26	6	7 50	25	17
1 6 23	18	27	7	8 30	26	18
1 10 7	19	28	8	9 9	26	19
1 13 51	20	29	9	9 48	27	19
1 17 35	21	♊	10	10 28	28	20
1 21 20	22	1	10	11 8	28	21
1 25 6	23	2	11	11 48	29	22
1 28 52	24	3	12	12 28	♍	23
1 32 38	25	4	13	13 8	1	24
1 36 25	26	5	14	13 48	1	25
1 40 12	27	6	14	14 28	2	25
1 44 0	28	7	15	15 8	3	26
1 47 48	29	8	16	15 48	4	27
1 51 37	30	9	17	16 28	4	28

Sidereal Time.	10 ♉	11 ♊	12 ♋	Ascen ♌	2 ♍	3 ♍
H. M. S.	°	°	°	° '	°	°
1 51 37	0	9	17	16 28	4	28
1 55 27	1	10	18	17 8	5	29
1 59 17	2	11	19	17 48	6	♎
2 3 8	3	12	19	18 28	7	1
2 6 59	4	13	20	19 9	8	2
2 10 51	5	14	21	19 49	9	2
2 14 44	6	15	22	20 29	9	3
2 18 37	7	16	22	21 10	10	4
2 22 31	8	17	23	21 51	11	5
2 26 25	9	18	24	22 32	11	6
2 30 20	10	19	25	23 14	12	7
2 34 16	11	20	25	23 55	13	8
2 38 13	12	21	26	24 36	14	9
2 42 10	13	22	27	25 17	15	10
2 46 8	14	23	28	25 58	15	11
2 50 7	15	24	29	26 40	16	12
2 54 7	16	25	29	27 22	17	12
2 58 7	17	26	♌	28 4	18	13
3 2 8	18	27	1	28 46	18	14
3 6 9	19	27	2	29 28	19	15
3 10 12	20	28	3	0♍12	20	16
3 14 15	21	29	3	0 54	21	17
3 18 19	22	♋	4	1 36	22	18
3 22 23	23	1	5	2 20	22	19
3 26 29	24	2	6	3 2	23	20
3 30 35	25	3	7	3 45	24	21
3 34 41	26	4	7	4 28	25	22
3 38 49	27	5	8	5 11	26	23
3 42 57	28	6	9	5 54	27	24
3 47 6	29	7	10	6 38	27	25
3 51 15	30	8	11	7 21	28	25

Sidereal Time.	10 ♊	11 ♋	12 ♌	Ascen ♍	2 ♍	3 ♎
H. M. S.	°	°	°	° '	°	°
3 51 15	0	8	11	7 21	28	25
3 55 25	1	9	12	8 5	29	26
3 59 36	2	10	12	8 49	♎	27
4 3 48	3	10	13	9 33	1	28
4 8 0	4	11	14	10 17	2	29
4 12 13	5	12	15	11 2	2	♏
4 16 26	6	13	16	11 46	3	1
4 20 40	7	14	17	12 30	4	2
4 24 55	8	15	17	13 15	5	3
4 29 10	9	16	18	14 0	6	4
4 33 26	10	17	19	14 45	7	5
4 37 42	11	18	20	15 30	8	6
4 41 59	12	19	21	16 15	8	7
4 46 16	13	20	21	17 0	9	8
4 50 34	14	21	22	17 45	10	9
4 54 52	15	22	23	18 30	11	10
4 59 10	16	23	24	19 16	12	11
5 3 29	17	24	25	20 3	13	12
5 7 49	18	25	26	20 49	14	13
5 12 9	19	25	27	21 35	14	14
5 16 29	20	26	28	22 20	15	14
5 20 49	21	27	28	23 6	16	15
5 25 9	22	28	29	23 51	17	16
5 29 30	23	29	♍	24 37	18	17
5 33 51	24	♌	1	25 23	19	18
5 38 12	25	1	2	26 9	20	19
5 42 34	26	2	3	26 55	21	20
5 46 55	27	3	4	27 41	21	21
5 51 17	28	4	4	28 27	22	22
5 55 38	29	5	5	29 13	23	23
6 0 0	30	6	6	30 0	24	24

Sidereal Time.	10 ♋	11 ♌	12 ♍	Ascen ♎	2 ♎	3 ♏
H. M. S.	°	°	°	° '	°	°
6 0 0	0	6	6	0 0	24	24
6 4 22	1	7	7	0 47	25	25
6 8 43	2	8	8	1 33	26	26
6 13 5	3	9	9	2 19	27	27
6 17 26	4	10	10	3 5	27	28
6 21 48	5	11	10	3 51	28	29
6 26 9	6	12	11	4 37	29	♐
6 30 30	7	13	12	5 23	♏	1
6 34 51	8	14	13	6 9	1	2
6 39 11	9	15	14	6 55	2	3
6 43 31	10	16	15	7 40	2	4
6 47 51	11	16	16	8 26	3	4
6 52 11	12	17	16	9 12	4	5
6 56 31	13	18	17	9 58	5	6
7 0 50	14	19	18	10 43	6	7
7 5 8	15	20	19	11 28	7	8
7 9 26	16	21	20	12 14	8	9
7 13 44	17	22	21	12 59	8	10
7 18 1	18	23	22	13 45	9	11
7 22 18	19	24	23	14 30	10	12
7 26 34	20	25	24	15 15	11	13
7 30 50	21	26	25	16 0	12	14
7 35 5	22	27	25	16 45	13	15
7 39 20	23	28	26	17 30	13	16
7 43 34	24	29	27	18 15	14	17
7 47 47	25	♍	28	18 59	15	18
7 52 0	26	1	29	19 43	16	19
7 56 12	27	2	29	20 27	17	20
8 0 24	28	3	♎	21 11	18	20
8 4 35	29	4	1	21 56	18	21
8 8 45	30	5	2	22 40	19	22

Sidereal Time.	10 ♌	11 ♍	12 ♎	Ascen ♎	2 ♏	3 ♐
H. M. S.	°	°	°	° '	°	°
8 8 45	0	5	2	22 40	19	22
8 12 54	1	5	3	23 24	20	23
8 17 3	2	6	3	24 7	21	24
8 21 11	3	7	4	24 50	22	25
8 25 19	4	8	5	25 34	23	26
8 29 26	5	9	6	26 18	23	27
8 33 31	6	10	7	27 1	24	28
8 37 37	7	11	8	27 44	25	29
8 41 41	8	12	8	28 26	26	♑
8 45 45	9	13	9	29 8	27	1
8 49 48	10	14	10	29 50	27	2
8 53 51	11	15	11	0♏32	28	3
8 57 52	12	16	12	1 15	29	4
9 1 53	13	17	12	1 58	♐	4
9 5 53	14	18	13	2 39	1	5
9 9 53	15	18	14	3 21	1	6
9 13 52	16	19	15	4 3	2	7
9 17 50	17	20	16	4 44	3	8
9 21 47	18	21	16	5 26	3	9
9 25 44	19	22	17	6 7	4	10
9 29 40	20	23	18	6 48	5	11
9 33 35	21	24	18	7 29	5	12
9 37 29	22	25	19	8 9	6	13
9 41 23	23	26	20	8 50	7	14
9 45 16	24	27	21	9 31	8	15
9 49 9	25	28	22	10 11	9	16
9 53 1	26	28	23	10 51	9	17
9 56 52	27	29	23	11 32	10	18
10 0 43	28	♎	24	12 12	11	19
10 4 33	29	1	25	12 53	12	20
10 8 23	30	2	26	13 33	13	20

Sidereal Time.	10 ♍	11 ♎	12 ♎	Ascen ♏	2 ♐	3 ♑
H. M. S.	°	°	°	° '	°	°
10 8 23	0	2	26	13 33	13	20
10 12 12	1	3	26	14 13	14	21
10 16 0	2	4	27	14 53	15	22
10 19 48	3	5	28	15 33	15	23
10 23 35	4	5	29	16 13	16	24
10 27 22	5	6	29	16 52	17	25
10 31 8	6	7	♏	17 32	18	26
10 34 54	7	8	1	18 12	19	27
10 38 40	8	9	2	18 52	20	28
10 42 25	9	10	2	19 31	20	29
10 46 9	10	11	3	20 11	21	♒
10 49 53	11	11	4	20 50	22	1
10 53 37	12	12	4	21 30	23	2
10 57 20	13	13	5	22 9	24	3
11 1 3	14	14	6	22 49	24	4
11 4 46	15	15	7	23 28	25	5
11 8 28	16	16	7	24 8	26	6
11 12 10	17	17	8	24 47	27	8
11 15 52	18	17	9	25 27	28	9
11 19 34	19	18	10	26 6	29	10
11 23 15	20	19	10	26 45	♑	11
11 26 56	21	20	11	27 25	0	12
11 30 37	22	21	12	28 5	1	13
11 34 18	23	22	13	28 44	2	14
11 37 58	24	23	13	29 24	3	15
11 41 39	25	23	14	0♐3	4	16
11 45 19	26	24	15	0 43	5	17
11 49 0	27	25	15	1 23	6	18
11 52 40	28	26	16	2 3	6	19
11 56 20	29	27	17	2 43	7	20
12 0 0	30	27	17	3 23	8	21

TABLES OF HOUSES FOR LONDON, Latitude 51° 32' *N.*

Sidereal Time.	10 ♎	11 ♎	12 ♏	Ascen ♐	2 ♑	3 ♒
H. M. S.	°	°	°	° '	°	°
12 0 0	0	27	17	3 23	8	21
12 3 40	1	28	18	4 4	9	23
12 7 20	2	29	19	4 45	10	24
12 11 0	3	♏	20	5 26	11	25
12 14 41	4	1	20	6 7	12	26
12 18 21	5	1	21	6 48	13	27
12 22 2	6	2	22	7 29	14	28
12 25 42	7	3	23	8 10	15	29
12 29 23	8	4	23	8 51	16	♓
12 33 4	9	5	24	9 33	17	2
12 36 45	10	6	25	10 15	18	3
12 40 26	11	6	25	10 57	19	4
12 44 8	12	7	26	11 40	20	5
12 47 50	13	8	27	12 22	21	6
12 51 32	14	9	28	13 4	22	7
12 55 14	15	10	28	13 47	23	9
12 58 57	16	11	29	14 30	24	10
13 2 40	17	11	♐	15 14	25	11
13 6 23	18	12	1	15 59	26	12
13 10 7	19	13	1	16 44	27	13
13 13 51	20	14	2	17 29	28	15
13 17 35	21	15	3	18 14	29	16
13 21 20	22	16	4	19 0	♒	17
13 25 6	23	16	4	19 45	1	18
13 28 52	24	17	5	20 31	2	20
13 32 38	25	18	6	21 18	4	21
13 36 25	26	19	7	22 6	5	22
13 40 12	27	20	7	22 54	6	23
13 44 0	28	21	8	23 42	7	25
13 47 48	29	21	9	24 31	8	26
13 51 37	30	22	10	25 20	10	27

Sidereal Time.	10 ♏	11 ♏	12 ♐	Ascen ♐	2 ♒	3 ♓
H. M. S.	°	°	°	° '	°	°
13 51 37	0	22	10	25 20	10	27
13 55 27	1	23	11	26 10	11	28
13 59 17	2	24	11	27 2	12	♈
14 3 8	3	25	12	27 53	14	1
14 6 59	4	26	13	28 45	15	2
14 10 51	5	26	14	29 36	16	4
14 14 44	6	27	15	0♑29	18	5
14 18 37	7	28	15	1 23	19	6
14 22 31	8	29	16	2 18	20	8
14 26 25	9	♐	17	3 14	22	9
14 30 20	10	1	18	4 11	23	10
14 34 16	11	2	19	5 9	25	11
14 38 13	12	2	20	6 7	26	13
14 42 10	13	3	20	7 6	28	14
14 46 8	14	4	21	8 6	29	15
14 50 7	15	5	22	9 8	♓	17
14 54 7	16	6	23	10 11	2	18
14 58 7	17	7	24	11 15	4	19
15 2 8	18	8	25	12 20	6	21
15 6 9	19	9	26	13 27	8	22
15 10 12	20	9	27	14 35	9	23
15 14 15	21	10	27	15 43	11	24
15 18 19	22	11	28	16 52	13	26
15 22 23	23	12	29	18 3	14	27
15 26 29	24	13	♑	19 16	16	28
15 30 35	25	14	1	20 32	17	29
15 34 41	26	15	2	21 48	19	♉
15 38 49	27	16	3	23 8	21	2
15 42 57	28	17	4	24 29	22	3
15 47 6	29	18	5	25 51	24	5
15 51 15	30	18	6	27 15	26	6

Sidereal Time.	10 ♐	11 ♐	12 ♑	Ascen ♑	2 ♓	3 ♉
H. M. S.	°	°	°	° '	°	°
15 51 15	0	18	6	27 15	26	6
15 55 25	1	19	7	28 42	28	7
15 59 36	2	20	8	0♒11	♈	9
16 3 48	3	21	9	1 42	2	10
16 8 0	4	22	10	3 16	3	11
16 12 13	5	23	11	4 53	5	12
16 16 26	6	24	12	6 32	7	14
16 20 40	7	25	13	8 13	9	15
16 24 55	8	26	14	9 57	11	16
16 29 10	9	27	16	11 44	12	17
16 33 26	10	28	17	13 34	14	18
16 37 42	11	29	18	15 26	16	20
16 41 59	12	♑	19	17 20	18	21
16 46 16	13	1	20	19 18	20	22
16 50 34	14	2	21	21 22	21	23
16 54 52	15	3	22	23 29	23	25
16 59 10	16	4	24	25 36	25	26
17 3 29	17	5	25	27 46	27	27
17 7 49	18	6	26	0♓ 0	28	28
17 12 9	19	7	27	2 19	♉	29
17 16 29	20	8	29	4 40	2	♊
17 20 49	21	9	♒	7 2	3	1
17 25 9	22	10	1	9 26	5	2
17 29 30	23	11	3	11 54	7	3
17 33 51	24	12	4	14 24	8	5
17 38 12	25	13	5	17 0	10	6
17 42 34	26	14	7	19 33	11	7
17 46 55	27	15	8	22 6	13	8
17 51 17	28	16	10	24 40	14	9
17 55 38	29	17	11	27 20	16	10
18 0 0	30	18	13	30 0	17	11

Sidereal Time.	10 ♑	11 ♑	12 ♒	Ascen ♈	2 ♉	3 ♊
H. M. S.	°	°	°	° '	°	°
18 0 0	0	18	13	0 0	17	11
18 4 22	1	20	14	2 39	19	13
18 8 43	2	21	16	5 19	20	14
18 13 5	3	22	17	7 55	22	15
18 17 26	4	23	19	10 29	23	16
18 21 48	5	24	20	13 2	25	17
18 26 9	6	25	22	15 36	26	18
18 30 30	7	26	23	18 6	28	19
18 34 51	8	27	25	20 34	29	20
18 39 11	9	29	27	22 59	♊	21
18 43 31	10	♒	28	25 22	1	22
18 47 51	11	1	♓	27 42	2	23
18 52 11	12	2	2	29 58	4	24
18 56 31	13	3	3	2♉13	5	25
19 0 50	14	4	5	4 24	6	26
19 5 8	15	6	7	6 30	8	27
19 9 26	16	7	9	8 36	9	28
19 13 44	17	8	10	10 40	10	29
19 18 1	18	9	12	12 39	11	♋
19 22 18	19	10	14	14 35	12	1
19 26 34	20	12	16	16 28	13	2
19 30 50	21	13	18	18 17	14	3
19 35 5	22	14	19	20 3	16	4
19 39 20	23	15	21	21 48	17	5
19 43 34	24	16	23	23 29	18	6
19 47 47	25	18	25	25 9	19	7
19 52 0	26	19	27	26 45	20	8
19 56 12	27	20	28	28 18	21	9
20 0 24	28	21	♈	29 49	22	10
20 4 35	29	23	2	1♊19	23	11
20 8 45	30	24	4	2 45	24	12

Sidereal Time.	10 ♒	11 ♒	12 ♈	Ascen ♊	2 ♊	3 ♋
H. M. S.	°	°	°	° '	°	°
20 8 45	0	24	4	2 45	24	12
20 12 54	1	25	6	4 9	25	12
20 17 3	2	27	7	5 32	26	13
20 21 11	3	28	9	6 53	27	14
20 25 19	4	29	11	8 12	28	15
20 29 26	5	♓	13	9 27	29	16
20 33 31	6	2	14	10 43	♋	17
20 37 37	7	3	16	11 58	1	18
20 41 41	8	4	18	13 9	2	19
20 45 45	9	6	19	14 18	3	20
20 49 48	10	7	21	15 25	3	21
20 53 51	11	8	23	16 32	4	21
20 57 52	12	9	24	17 39	5	22
21 1 53	13	11	26	18 44	6	23
21 5 53	14	12	28	19 48	7	24
21 9 53	15	13	29	20 51	8	25
21 13 52	16	15	♉	21 53	9	26
21 17 50	17	16	2	22 53	10	27
21 21 47	18	17	4	23 52	10	28
21 25 44	19	19	5	24 51	11	28
21 29 40	20	20	7	25 48	12	29
21 33 35	21	22	8	26 44	13	♌
21 37 29	22	23	10	27 40	14	1
21 41 23	23	24	11	28 34	15	2
21 45 16	24	25	13	29 29	15	3
21 49 9	25	26	14	0♋22	16	4
21 53 1	26	28	15	1 15	17	4
21 56 52	27	29	16	2 7	18	5
22 0 43	28	♈	18	2 57	19	6
22 4 33	29	2	19	3 48	19	7
22 8 23	30	3	20	4 38	20	8

Sidereal Time.	10 ♓	11 ♈	12 ♉	Ascen ♋	2 ♋	3 ♌
H. M. S.	°	°	°	° '	°	°
22 8 23	0	3	20	4 38	20	8
22 12 12	1	4	21	5 28	21	8
22 16 0	2	6	23	6 17	22	9
22 19 48	3	7	24	7 5	23	10
22 23 35	4	8	25	7 53	23	11
22 27 22	5	9	26	8 42	24	12
22 31 8	6	10	28	9 29	25	13
22 34 54	7	12	29	10 16	26	14
22 38 40	8	13	♊	11 2	26	14
22 42 25	9	14	1	11 47	27	15
22 46 9	10	15	2	12 31	28	16
22 49 53	11	17	3	13 16	29	17
22 53 37	12	18	4	14 1	29	18
22 57 20	13	19	5	14 45	♌	19
23 1 3	14	20	6	15 28	1	19
23 4 46	15	21	7	16 11	2	20
23 8 28	16	23	8	16 54	2	21
23 12 10	17	24	9	17 37	3	22
23 15 52	18	25	10	18 20	4	23
23 19 34	19	26	11	19 3	5	24
23 23 15	20	27	12	19 45	5	24
23 26 56	21	29	13	20 26	6	25
23 30 37	22	♉	14	21 8	7	26
23 34 18	23	1	15	21 50	7	27
23 37 58	24	2	16	22 31	8	28
23 41 39	25	3	17	23 12	9	28
23 45 19	26	4	18	23 53	9	29
23 49 0	27	5	19	24 32	10	♍
23 52 40	28	6	20	25 15	11	1
23 56 20	29	8	21	25 56	12	2
24 0 0	30	9	22	26 36	13	3

TABLES OF HOUSES FOR LIVERPOOL, Latitude 53° 25′ N.

Sidereal Time.	10 ♈	11 ♉	12 ♊	Ascen ♋	2 ♌	3 ♍
H. M. S.	°	°	°	° ′	°	°
0 0 0	0	9	24	28 12	14	3
0 3 40	1	10	25	28 51	14	4
0 7 20	2	12	25	29 30	15	4
0 11 0	3	13	26	0♌ 9	16	5
0 14 41	4	14	27	0 48	17	6
0 18 21	5	15	28	1 27	17	7
0 22 2	6	16	29	2 6	18	8
0 25 42	7	17	♋	2 44	19	9
0 29 23	8	18	1	3 22	19	10
0 33 4	9	19	1	4 1	20	10
0 36 45	10	20	2	4 39	21	11
0 40 26	11	21	3	5 18	22	12
0 44 8	12	22	4	5 56	22	13
0 47 50	13	23	5	6 34	23	14
0 51 32	14	24	6	7 13	24	14
0 55 14	15	25	6	7 51	24	15
0 58 57	16	26	7	8 30	25	16
1 2 40	17	27	8	9 8	26	17
1 6 23	18	28	9	9 47	26	18
1 10 7	19	29	10	10 25	27	19
1 13 51	20	♊	11	11 4	28	19
1 17 35	21	1	11	11 43	28	20
1 21 20	22	2	12	12 21	29	21
1 25 6	23	3	13	13 0	♍	22
1 28 52	24	4	14	13 39	1	23
1 32 38	25	5	15	14 17	1	24
1 36 25	26	6	15	14 56	2	25
1 40 12	27	7	16	15 35	3	25
1 44 0	28	8	17	16 14	3	26
1 47 48	29	9	18	16 53	4	27
1 51 37	30	10	18	17 32	5	28

Sidereal Time.	10 ♉	11 ♊	12 ♋	Ascen ♌	2 ♍	3 ♍
H. M. S.	°	°	°	° ′	°	°
1 51 37	0	10	18	17 32	5	28
1 55 27	1	11	19	18 11	6	29
1 59 17	2	12	20	18 51	6	♎
2 3 8	3	13	21	19 30	7	1
2 6 59	4	14	22	20 9	8	2
2 10 51	5	15	22	20 49	9	2
2 14 44	6	16	23	21 28	9	3
2 18 37	7	17	24	22 8	10	4
2 22 31	8	18	25	22 48	11	5
2 26 25	9	19	25	23 28	12	6
2 30 20	10	20	26	24 8	12	7
2 34 16	11	21	27	24 48	13	8
2 38 13	12	22	28	25 28	14	9
2 42 10	13	23	29	26 8	15	10
2 46 8	14	24	29	26 49	15	10
2 50 7	15	25	♌	27 29	16	11
2 54 7	16	26	1	28 10	17	12
2 58 7	17	27	2	28 51	18	13
3 2 8	18	28	2	29 32	19	14
3 6 9	19	29	3	0♍13	19	15
3 10 12	20	29	4	0 54	20	16
3 14 15	21	♋	5	1 36	21	17
3 18 19	22	1	5	2 17	22	18
3 22 23	23	2	6	2 59	23	19
3 26 29	24	3	7	3 41	23	20
3 30 35	25	4	8	4 23	24	21
3 34 41	26	5	9	5 5	25	22
3 38 49	27	6	10	5 47	26	22
3 42 57	28	7	10	6 29	27	23
3 47 6	29	8	11	7 12	27	24
3 51 15	30	9	12	7 55	28	25

Sidereal Time.	10 ♊	11 ♋	12 ♌	Ascen ♍	2 ♍	3 ♎
H. M. S.	°	°	°	° ′	°	°
3 51 15	0	9	12	7 55	28	25
3 55 25	1	10	13	8 37	29	26
3 59 36	2	11	13	9 20	♎	27
4 3 48	3	12	14	10 3	1	28
4 8 0	4	12	15	10 46	2	29
4 12 13	5	13	16	11 30	2	♏
4 16 26	6	14	17	12 13	3	1
4 20 40	7	15	18	12 56	4	2
4 24 55	8	16	18	13 40	5	3
4 29 10	9	17	19	14 24	6	4
4 33 26	10	18	20	15 8	7	5
4 37 42	11	19	21	15 52	7	6
4 41 59	12	20	21	16 36	8	6
4 46 16	13	21	22	17 20	9	7
4 50 34	14	22	23	18 4	10	8
4 54 52	15	23	24	18 48	11	9
4 59 10	16	24	25	19 32	12	10
5 3 29	17	24	26	20 17	12	11
5 7 49	18	25	26	21 1	13	12
5 12 9	19	26	27	21 46	14	13
5 16 29	20	27	28	22 31	15	14
5 20 49	21	28	29	23 16	16	15
5 25 9	22	29	♍	24 0	17	16
5 29 30	23	♌	1	24 45	18	17
5 33 51	24	1	1	25 30	18	18
5 38 12	25	2	2	26 15	19	19
5 42 34	26	3	3	27 0	20	20
5 46 55	27	4	4	27 45	21	21
5 51 17	28	5	5	28 30	22	21
5 55 38	29	6	6	29 15	23	22
6 0 0	30	7	7	30 0	23	23

Sidereal Time.	10 ♋	11 ♌	12 ♍	Ascen ♎	2 ♎	3 ♏
H. M. S.	°	°	°	° ′	°	°
6 0 0	0	7	7	0 0	23	23
6 4 22	1	8	7	0 45	24	24
6 8 43	2	9	8	1 30	25	25
6 13 5	3	9	9	2 15	26	26
6 17 26	4	10	10	3 0	27	27
6 21 48	5	11	11	3 45	28	28
6 26 9	6	12	12	4 30	29	29
6 30 30	7	13	12	5 15	29	♐
6 34 51	8	14	13	6 0	♏	1
6 39 11	9	15	14	6 44	1	2
6 43 31	10	16	15	7 29	2	3
6 47 51	11	17	16	8 14	3	4
6 52 11	12	18	17	8 59	4	5
6 56 31	13	19	18	9 43	4	6
7 0 50	14	20	18	10 27	5	6
7 5 8	15	21	19	11 11	6	7
7 9 26	16	22	20	11 56	7	8
7 13 44	17	23	21	12 40	8	9
7 18 1	18	24	22	13 24	8	10
7 22 18	19	24	23	14 8	9	11
7 26 34	20	25	23	14 52	10	12
7 30 50	21	26	24	15 36	11	13
7 35 5	22	27	25	16 20	12	14
7 39 20	23	28	26	17 4	13	15
7 43 34	24	29	27	17 47	13	16
7 47 47	25	♍	28	18 30	14	17
7 52 0	26	1	28	19 13	15	18
7 56 12	27	2	29	19 57	16	18
8 0 24	28	3	♎	20 40	17	19
8 4 35	29	4	1	21 23	17	20
8 8 45	30	5	2	22 5	18	21

Sidereal Time.	10 ♌	11 ♍	12 ♎	Ascen ♎	2 ♏	3 ♐
H. M. S.	°	°	°	° ′	°	°
8 8 45	0	5	2	22 5	18	21
8 12 54	1	6	2	22 48	19	22
8 17 3	2	7	3	23 30	20	23
8 21 11	3	8	4	24 13	20	24
8 25 19	4	8	5	24 55	21	25
8 29 26	5	9	6	25 37	22	26
8 33 31	6	10	7	26 19	23	27
8 37 37	7	11	7	27 1	24	28
8 41 41	8	12	8	27 43	25	29
8 45 45	9	13	9	28 24	25	♑
8 49 48	10	14	10	29 6	26	1
8 53 51	11	15	11	29 47	27	1
8 57 52	12	16	11	0♏28	28	2
9 1 53	13	17	12	1 9	28	3
9 5 53	14	18	13	1 50	29	4
9 9 53	15	19	14	2 31	♐	5
9 13 52	16	19	15	3 11	1	6
9 17 50	17	20	15	3 52	1	7
9 21 47	18	21	16	4 32	2	8
9 25 44	19	22	17	5 12	3	9
9 29 40	20	23	18	5 52	4	10
9 33 35	21	24	18	6 32	5	11
9 37 29	22	25	19	7 12	5	12
9 41 23	23	26	20	7 52	6	13
9 45 16	24	27	21	8 32	7	14
9 49 9	25	27	21	9 12	8	15
9 53 1	26	28	22	9 51	8	16
9 56 52	27	29	23	10 30	9	17
10 0 43	28	♎	24	11 9	10	17
10 4 33	29	1	24	11 49	11	18
10 8 23	30	2	25	12 28	11	19

Sidereal Time.	10 ♍	11 ♎	12 ♎	Ascen ♏	2 ♐	3 ♑
H. M. S.	°	°	°	° ′	°	°
10 8 23	0	2	25	12 28	11	19
10 12 12	1	3	26	13 6	12	20
10 16 0	2	4	27	13 45	13	21
10 19 48	3	4	27	14 25	14	22
10 23 35	4	5	28	15 4	15	23
10 27 22	5	6	29	15 42	15	24
10 31 8	6	7	29	16 21	16	25
10 34 54	7	8	♏	17 0	17	26
10 38 40	8	9	1	17 39	18	27
10 42 25	9	10	2	18 17	18	28
10 46 9	10	10	2	18 55	19	29
10 49 53	11	11	3	19 34	20	♒
10 53 37	12	12	4	20 13	21	1
10 57 20	13	13	4	20 52	22	2
11 1 3	14	14	5	21 30	22	3
11 4 46	15	15	6	22 8	23	5
11 8 28	16	16	7	22 46	24	6
11 12 10	17	16	7	23 25	25	7
11 15 52	18	17	8	24 4	26	8
11 19 34	19	18	9	24 42	26	9
11 23 15	20	19	9	25 21	27	10
11 26 56	21	20	10	25 59	28	11
11 30 37	22	20	11	26 38	29	12
11 34 18	23	21	12	27 16	♑	13
11 37 58	24	22	12	27 54	1	14
11 41 39	25	23	13	28 33	1	15
11 45 19	26	24	14	29 11	2	16
11 49 0	27	25	14	29 50	3	17
11 52 40	28	26	15	0♐30	4	18
11 56 20	29	26	16	1 9	5	20
12 0 0	30	27	16	1 48	6	21

TABLES OF HOUSES FOR LIVERPOOL, Latitude 53° 25' N.

Sidereal Time.	10 ♎	11 ♎	12 ♏	Ascen ♐	2 ♑	3 ♒
H. M. S.	°	°	°	° '	°	°
12 0 0	0	27	16	1 48	6	21
12 3 40	1	28	17	2 27	7	22
12 7 20	2	29	18	3 6	8	23
12 11 0	3	♏	18	3 46	9	24
12 14 41	4	0	19	4 25	10	25
12 18 21	5	1	20	5 6	10	26
12 22 2	6	2	21	5 46	11	28
12 25 42	7	3	21	6 26	12	29
12 29 23	8	4	22	7 6	13	♓
12 33 4	9	4	23	7 46	14	1
12 36 45	10	5	24	8 27	15	2
12 40 26	11	6	24	9 8	16	3
12 44 8	12	7	25	9 49	17	5
12 47 50	13	8	26	10 30	18	6
12 51 32	14	9	26	11 12	19	7
12 55 14	15	9	27	11 54	20	8
12 58 57	16	10	28	12 36	21	10
13 2 40	17	11	28	13 19	22	11
13 6 23	18	12	29	14 2	23	12
13 10 7	19	13	♐	14 45	25	13
13 13 51	20	13	1	15 28	26	15
13 17 35	21	14	1	16 12	27	16
13 21 20	22	15	2	16 56	28	17
13 25 6	23	16	3	17 41	29	18
13 28 52	24	17	4	18 26	♒	19
13 32 38	25	17	4	19 11	1	21
13 36 25	26	18	5	19 57	3	22
13 40 12	27	19	6	20 44	4	23
13 44 0	28	20	7	21 31	5	24
13 47 48	29	21	7	22 18	7	26
13 51 37	30	21	8	23 6	8	27

Sidereal Time.	10 ♏	11 ♏	12 ♐	Ascen ♐	2 ♒	3 ♓
H. M. S.	°	°	°	° '	°	°
13 51 37	0	21	8	23 6	8	27
13 55 27	1	22	9	23 55	9	28
13 59 17	2	23	10	24 43	10	♈
14 3 8	3	24	10	25 33	12	1
14 6 59	4	25	11	26 23	13	2
14 10 51	5	26	12	27 14	15	4
14 14 44	6	26	13	28 6	16	5
14 18 37	7	27	13	28 59	18	6
14 22 31	8	28	14	29 52	19	8
14 26 25	9	29	15	0♑46	20	9
14 30 20	10	♐	16	1 41	22	10
14 34 16	11	1	17	2 36	23	11
14 38 13	12	2	18	3 33	25	13
14 42 10	13	2	18	4 30	26	14
14 46 8	14	3	19	5 29	28	16
14 50 7	15	4	20	6 29	♓	17
14 54 7	16	5	21	7 30	1	18
14 58 7	17	6	22	8 32	3	20
15 2 8	18	7	23	9 35	5	21
15 6 9	19	8	24	10 39	6	22
15 10 12	20	8	24	11 45	8	23
15 14 15	21	9	25	12 52	10	25
15 18 19	22	10	26	14 1	11	26
15 22 23	23	11	27	15 11	13	27
15 26 29	24	12	28	16 23	15	29
15 30 35	25	13	29	17 37	17	♉
15 34 41	26	14	♑	18 53	19	1
15 38 49	27	15	1	20 10	21	3
15 42 57	28	16	2	21 29	22	4
15 47 6	29	16	3	22 51	24	5
15 51 15	30	17	4	24 15	26	7

Sidereal Time.	10 ♐	11 ♐	12 ♑	Ascen ♑	2 ♓	3 ♉
H. M. S.	°	°	°	° '	°	°
15 51 15	0	17	4	24 15	26	7
15 55 25	1	18	5	25 41	28	8
15 59 36	2	19	6	27 10	♈	9
16 3 48	3	20	7	28 41	2	10
16 8 0	4	21	8	0♒14	4	12
16 12 13	5	22	9	1 50	5	13
16 16 26	6	23	10	3 30	7	14
16 20 40	7	24	11	5 13	9	15
16 24 55	8	25	12	6 58	11	17
16 29 10	9	26	13	8 46	13	18
16 33 26	10	27	14	10 38	15	19
16 37 42	11	28	15	12 32	17	20
16 41 59	12	29	16	14 31	19	22
16 46 16	13	♑	18	16 33	20	23
16 50 34	14	1	19	18 40	22	24
16 54 52	15	2	20	20 50	24	25
16 59 10	16	3	21	23 4	26	26
17 3 29	17	4	22	25 21	28	28
17 7 49	18	5	24	27 42	29	29
17 12 9	19	6	25	0♓ 8	♉	♊
17 16 29	20	7	26	2 37	3	1
17 20 49	21	8	28	5 10	5	3
17 25 9	22	9	29	7 46	6	4
17 29 30	23	10	♒	10 24	8	5
17 33 51	24	11	2	13 7	10	6
17 38 12	25	12	3	15 52	11	7
17 42 34	26	13	4	18 38	13	8
17 46 55	27	14	6	21 27	15	9
17 51 17	28	15	7	24 17	16	10
17 55 38	29	16	9	27 8	18	12
18 0 0	30	17	11	30 0	19	13

Sidereal Time.	10 ♑	11 ♑	12 ♒	Ascen ♈	2 ♉	3 ♊
H. M. S.	°	°	°	° '	°	°
18 0 0	0	17	11	0 0	19	13
18 4 22	1	18	12	2 52	21	14
18 8 43	2	20	14	5 43	23	15
18 13 5	3	21	15	8 33	24	16
18 17 26	4	22	17	11 22	25	17
18 21 48	5	23	19	14 8	27	18
18 26 9	6	24	20	16 53	28	19
18 30 30	7	25	22	19 36	♊	20
18 34 51	8	26	24	22 14	1	21
18 39 11	9	27	25	24 50	2	22
18 43 31	10	29	27	27 23	4	23
18 47 51	11	♒	28	29 52	5	24
18 52 11	12	1	♓	2♉18	6	25
18 56 31	13	2	2	4 39	8	26
19 0 50	14	4	4	6 56	9	27
19 5 8	15	5	6	9 10	10	28
19 9 26	16	6	8	11 20	11	29
19 13 44	17	7	10	13 27	12	♋
19 18 1	18	8	11	15 29	14	1
19 22 18	19	9	13	17 28	15	2
19 26 34	20	11	15	19 22	16	3
19 30 50	21	12	17	21 14	17	4
19 35 5	22	13	19	23 2	18	5
19 39 20	23	15	21	24 47	19	6
19 43 34	24	16	23	26 30	20	7
19 47 47	25	17	25	28 10	21	8
19 52 0	26	18	26	29 46	22	9
19 56 12	27	20	28	1♊19	23	10
20 0 24	28	21	♈	2 50	24	11
20 4 35	29	22	2	4 19	25	12
20 8 45	30	23	4	5 45	26	13

Sidereal Time.	10 ♒	11 ♒	12 ♈	Ascen ♊	2 ♊	3 ♋
H. M. S.	°	°	°	° '	°	°
20 8 45	0	23	4	5 45	26	13
20 12 54	1	25	6	7 9	27	14
20 17 3	2	26	8	8 31	28	14
20 21 11	3	27	9	9 50	29	15
20 25 19	4	29	11	11 7	♋	16
20 29 26	5	♓	13	12 23	1	17
20 33 31	6	1	15	13 37	2	18
20 37 37	7	3	17	14 49	3	19
20 41 41	8	4	19	15 59	4	20
20 45 45	9	5	20	17 8	5	21
20 49 48	10	7	22	18 15	6	22
20 53 51	11	8	24	19 21	7	22
20 57 52	12	10	25	20 25	7	23
21 1 53	13	11	27	21 28	8	24
21 5 53	14	12	29	22 30	9	25
21 9 53	15	13	♉	23 31	10	26
21 13 52	16	14	2	24 31	11	27
21 17 50	17	16	4	25 30	12	28
21 21 47	18	17	5	26 27	12	28
21 25 44	19	18	7	27 24	13	29
21 29 40	20	20	8	28 19	14	♌
21 33 35	21	21	10	29 14	15	1
21 37 29	22	22	11	0♋ 8	16	2
21 41 23	23	24	12	1 1	17	3
21 45 16	24	25	14	1 54	17	4
21 49 9	25	26	15	2 46	18	4
21 53 1	26	28	17	3 37	19	5
21 56 52	27	29	18	4 27	20	6
22 0 43	28	♈	20	5 17	20	7
22 4 33	29	2	21	6 5	21	8
22 8 23	30	3	22	6 54	22	8

Sidereal Time.	10 ♓	11 ♈	12 ♉	Ascen ♋	2 ♋	3 ♌
H. M. S.	°	°	°	° '	°	°
22 8 23	0	3	22	6 54	22	8
22 12 12	1	4	23	7 42	23	9
22 16 0	2	5	25	8 29	23	10
22 19 48	3	7	26	9 16	24	11
22 23 35	4	8	27	10 3	25	12
22 27 22	5	9	29	10 49	26	13
22 31 8	6	11	♊	11 34	26	13
22 34 54	7	12	1	12 19	27	14
22 38 40	8	13	2	13 3	28	15
22 42 25	9	14	3	13 48	29	16
22 46 9	10	16	4	14 32	29	17
22 49 53	11	17	5	15 15	♌	17
22 53 37	12	18	7	15 58	1	18
22 57 20	13	19	8	16 41	2	19
23 1 3	14	20	9	17 24	2	20
23 4 46	15	22	10	18 6	3	21
23 8 28	16	23	11	18 48	4	21
23 12 10	17	24	12	19 30	4	22
23 15 52	18	25	13	20 11	5	23
23 19 34	19	27	14	20 52	6	24
23 23 15	20	28	15	21 33	6	25
23 26 56	21	29	16	22 14	7	26
23 30 37	22	♉	17	22 54	8	26
23 34 18	23	1	18	23 34	9	27
23 37 58	24	2	19	24 14	9	28
23 41 39	25	4	20	24 54	10	29
23 45 19	26	5	21	25 35	11	♍
23 49 0	27	6	22	26 14	11	0
23 52 40	28	7	22	26 54	12	1
23 56 20	29	8	23	27 33	13	2
24 0 0	30	9	24	28 12	14	3

TABLES OF HOUSES FOR NEW YORK, Latitude 40º 43' N.

Sidereal Time.	10 ♈	11 ♉	12 ♊	Ascen ♋	2 ♌	3 ♍
H. M. S.	°	°	°	° '	°	°
0 0 0	0	6	15	18 53	8	1
0 3 40	1	7	16	19 38	9	2
0 7 20	2	8	17	20 23	10	3
0 11 0	3	9	18	21 12	11	4
0 14 41	4	11	19	21 55	12	5
0 18 21	5	12	20	22 40	12	5
0 22 2	6	13	21	23 24	13	6
0 25 42	7	14	22	24 8	14	7
0 29 23	8	15	23	24 54	15	8
0 33 4	9	16	23	25 37	15	9
0 36 45	10	17	24	26 22	16	10
0 40 26	11	18	25	27 5	17	11
0 44 8	12	19	26	27 50	18	12
0 47 50	13	20	27	28 33	19	13
0 51 32	14	21	28	29 18	19	13
0 55 14	15	22	28	0♌ 3	20	14
0 58 57	16	23	29	0 46	21	15
1 2 40	17	24	♋	1 31	22	16
1 6 23	18	25	1	2 14	22	17
1 10 7	19	26	2	2 58	23	18
1 13 51	20	27	3	3 43	24	19
1 17 35	21	28	3	4 27	25	20
1 21 20	22	29	4	5 12	25	21
1 25 6	23	♊	5	5 56	26	22
1 28 52	24	1	6	6 40	27	22
1 32 38	25	2	7	7 25	28	23
1 36 25	26	2	8	8 9	29	24
1 40 12	27	3	9	8 53	♍	25
1 44 0	28	4	10	9 38	1	26
1 47 48	29	5	10	10 24	1	27
1 51 37	30	6	11	11 8	2	28

Sidereal Time.	10 ♉	11 ♊	12 ♋	Ascen ♌	2 ♍	3 ♍
H. M. S.	°	°	°	° '	°	°
1 51 37	0	6	11	11 8	2	28
1 55 27	1	7	12	11 53	3	29
1 59 17	2	8	13	12 38	4	♎
2 3 8	3	9	14	13 22	5	1
2 6 59	4	10	15	14 8	5	2
2 10 51	5	11	15	14 53	6	3
2 14 44	6	12	16	15 39	7	4
2 18 37	7	13	17	16 24	8	4
2 22 31	8	14	18	17 10	9	5
2 26 25	9	15	19	17 56	10	6
2 30 20	10	16	20	18 41	10	7
2 34 16	11	17	20	19 27	11	8
2 38 13	12	18	21	20 14	12	9
2 42 10	13	19	22	21 0	13	10
2 46 8	14	19	23	21 47	14	11
2 50 7	15	20	24	22 33	15	12
2 54 7	16	21	25	23 20	16	13
2 58 7	17	22	25	24 7	17	14
3 2 8	18	23	26	24 54	17	15
3 6 9	19	24	27	25 42	18	16
3 10 12	20	25	28	26 29	19	17
3 14 15	21	26	29	27 17	20	18
3 18 19	22	27	♌	28 4	21	19
3 22 23	23	28	1	28 52	22	20
3 26 29	24	29	1	29 40	23	21
3 30 35	25	♋	2	0♍29	24	22
3 34 41	26	1	3	1 17	24	23
3 38 49	27	2	4	2 6	25	24
3 42 57	28	3	5	2 55	26	25
3 47 6	29	4	6	3 43	27	26
3 51 15	30	5	7	4 32	28	27

Sidereal Time.	10 ♊	11 ♋	12 ♌	Ascen ♍	2 ♍	3 ♎
H. M. S.	°	°	°	° '	°	°
3 51 15	0	5	7	4 32	28	27
3 55 25	1	6	8	5 22	29	28
3 59 36	2	6	8	6 10	♎	29
4 3 48	3	7	9	7 0	1	♏
4 8 0	4	8	10	7 49	2	1
4 12 13	5	9	11	8 40	3	2
4 16 26	6	10	12	9 30	4	3
4 20 40	7	11	13	10 19	4	4
4 24 55	8	12	14	11 10	5	5
4 29 10	9	13	15	12 0	6	6
4 33 26	10	14	16	12 51	7	7
4 37 42	11	15	16	13 41	8	8
4 41 59	12	16	17	14 32	9	9
4 46 16	13	17	18	15 23	10	10
4 50 34	14	18	19	16 14	11	11
4 54 52	15	19	20	17 5	12	12
4 59 10	16	20	21	17 56	13	13
5 3 29	17	21	22	18 47	14	14
5 7 49	18	22	23	19 39	15	15
5 12 9	19	23	24	20 30	16	16
5 16 29	20	24	25	21 22	17	17
5 20 49	21	25	25	22 13	18	18
5 25 9	22	26	26	23 5	18	19
5 29 30	23	27	27	23 57	19	20
5 33 51	24	28	28	24 49	20	21
5 38 12	25	29	29	25 40	21	22
5 42 34	26	♌	♍	26 32	22	22
5 46 55	27	1	1	27 25	23	23
5 51 17	28	2	2	28 16	24	24
5 55 38	29	3	3	29 8	25	25
6 0 0	30	4	4	30 0	26	26

Sidereal Time.	10 ♋	11 ♌	12 ♍	Ascen ♎	2 ♎	3 ♏
H. M. S.	°	°	°	° '	°	°
6 0 0	0	4	4	0 0	26	26
6 4 22	1	5	5	0 52	27	27
6 8 43	2	6	6	1 44	28	28
6 13 5	3	6	7	2 35	29	29
6 17 26	4	7	8	3 28	♏	♐
6 21 48	5	8	9	4 20	1	1
6 26 9	6	9	10	5 11	2	2
6 30 30	7	10	11	6 3	3	3
6 34 51	8	11	12	6 55	3	4
6 39 11	9	12	13	7 47	4	5
6 43 31	10	13	14	8 38	5	6
6 47 51	11	14	15	9 30	6	7
6 52 11	12	15	15	10 21	7	8
6 56 31	13	16	16	11 13	8	9
7 0 50	14	17	17	12 4	9	10
7 5 8	15	18	18	12 55	10	11
7 9 26	16	19	19	13 46	11	12
7 13 44	17	20	20	14 37	12	13
7 18 1	18	21	21	15 28	13	14
7 22 18	19	22	22	16 19	14	15
7 26 34	20	23	23	17 9	14	16
7 30 50	21	24	23	18 0	15	17
7 35 5	22	25	24	18 50	16	18
7 39 20	23	26	25	19 41	17	19
7 43 34	24	27	26	20 30	18	20
7 47 47	25	28	27	21 20	19	21
7 52 0	26	29	28	22 11	20	22
7 56 12	27	♍	29	23 0	21	23
8 0 24	28	1	♎	23 50	21	24
8 4 35	29	2	1	24 38	22	24
8 8 45	30	3	2	25 28	23	25

Sidereal Time.	10 ♌	11 ♍	12 ♎	Ascen ♎	2 ♏	3 ♐
H. M. S.	°	°	°	° '	°	°
8 8 45	0	3	2	25 28	23	25
8 12 54	1	4	3	26 17	24	26
8 17 3	2	5	4	27 5	25	27
8 21 11	3	6	5	27 54	26	28
8 25 19	4	7	6	28 43	27	29
8 29 26	5	8	7	29 31	28	♑
8 33 31	6	9	7	0♏20	28	1
8 37 37	7	10	8	1 8	29	2
8 41 41	8	11	9	1 56	♐	3
8 45 45	9	12	10	2 43	1	4
8 49 48	10	13	11	3 31	2	5
8 53 51	11	14	12	4 18	3	6
8 57 52	12	15	12	5 6	4	7
9 1 53	13	16	13	5 53	5	8
9 5 53	14	17	14	6 40	5	9
9 9 53	15	18	15	7 27	6	10
9 13 52	16	19	16	8 13	7	10
9 17 50	17	20	17	9 0	8	11
9 21 47	18	21	18	9 46	9	12
9 25 44	19	22	19	10 33	10	13
9 29 40	20	23	19	11 19	10	14
9 33 35	21	24	20	12 4	11	15
9 37 29	22	24	21	12 50	12	16
9 41 23	23	25	22	13 36	13	17
9 45 16	24	26	23	14 21	14	18
9 49 9	25	27	24	15 7	15	19
9 53 1	26	28	24	15 52	15	20
9 56 52	27	29	25	16 38	16	21
10 0 43	28	♎	26	17 22	17	22
10 4 33	29	1	27	18 7	18	23
10 8 23	30	2	28	18 52	19	24

Sidereal Time.	10 ♍	11 ♎	12 ♎	Ascen ♏	2 ♐	3 ♑
H. M. S.	°	°	°	° '	°	°
10 8 23	0	2	28	18 52	19	24
10 12 12	1	3	29	19 36	20	25
10 16 0	2	4	29	20 22	20	26
10 19 48	3	5	♏	21 7	21	27
10 23 35	4	6	1	21 51	22	28
10 27 22	5	7	1	22 35	23	28
10 31 8	6	7	2	23 20	24	29
10 34 54	7	8	3	24 4	25	♒
10 38 40	8	9	4	24 48	25	1
10 42 25	9	10	5	25 33	26	2
10 46 9	10	11	6	26 17	27	3
10 49 53	11	12	7	27 2	28	4
10 53 37	12	13	7	27 46	29	5
10 57 20	13	14	8	28 29	♑	6
11 1 3	14	15	9	29 14	1	7
11 4 46	15	16	10	29 57	1	8
11 8 28	16	17	11	0♐42	2	9
11 12 10	17	17	11	1 27	3	10
11 15 52	18	18	12	2 10	4	11
11 19 34	19	19	13	2 55	5	12
11 23 15	20	20	14	3 38	6	13
11 26 56	21	21	14	4 23	7	14
11 30 37	22	22	15	5 6	7	15
11 34 18	23	23	16	5 52	8	16
11 37 58	24	23	17	6 36	9	17
11 41 39	25	24	18	7 20	10	18
11 45 19	26	25	18	8 5	11	19
11 49 0	27	26	19	8 48	12	20
11 52 40	28	27	20	9 37	13	22
11 56 20	29	28	21	10 22	14	23
12 0 0	30	29	21	11 7	15	24

TABLES OF HOUSES FOR NEW YORK, Latitude 40º 43' N.

Sidereal Time.	10 ♎	11 ♎	12 ♏	Ascen ♐	2 ♑	3 ♒
H. M. S.	º	º	º	º '	º	º
12 0 0	0	29	21	11 7	15	24
12 3 40	1	♏	22	11 52	16	25
12 7 20	2	1	23	12 37	17	26
12 11 0	3	1	24	13 19	17	27
12 14 41	4	2	25	14 7	18	28
12 18 21	5	3	25	14 52	19	29
12 22 2	6	4	26	15 38	20	♓
12 25 42	7	5	27	16 23	21	1
12 29 23	8	6	28	17 11	22	2
12 33 4	9	6	28	17 58	23	3
12 36 45	10	7	29	18 45	24	4
12 40 26	11	8	♐	19 32	25	5
12 44 8	12	9	1	20 20	26	7
12 47 50	13	10	2	21 8	27	8
12 51 32	14	11	2	21 57	28	9
12 55 14	15	12	3	22 43	29	10
12 58 57	16	13	4	23 33	♒	11
13 2 40	17	13	5	24 22	1	12
13 6 23	18	14	6	25 11	2	13
13 10 7	19	15	7	26 1	3	15
13 13 51	20	16	7	26 51	5	16
13 17 35	21	17	8	27 40	6	17
13 21 20	22	18	9	28 32	7	18
13 25 6	23	19	10	29 23	8	19
13 28 52	24	19	10	0♑14	9	20
13 32 38	25	20	11	1 7	10	21
13 36 25	26	21	12	2 0	11	23
13 40 12	27	22	13	2 52	12	24
13 44 0	28	23	13	3 46	13	25
13 47 48	29	24	14	4 41	15	26
13 51 37	30	25	15	5 35	16	27

Sidereal Time.	10 ♏	11 ♏	12 ♐	Ascen ♑	2 ♒	3 ♓
H. M. S.	º	º	º	º '	º	º
13 51 37	0	25	15	5 35	16	27
13 55 27	1	25	16	6 30	17	29
13 59 17	2	26	17	7 27	18	♈
14 3 8	3	27	18	8 23	20	1
14 6 59	4	28	18	9 20	21	2
14 10 51	5	29	19	10 18	22	3
14 14 44	6	♐	20	11 16	23	5
14 18 37	7	1	21	12 15	24	6
14 22 31	8	2	22	13 15	26	7
14 26 25	9	2	23	14 16	27	8
14 30 20	10	3	24	15 17	28	9
14 34 16	11	4	24	16 19	♓	11
14 38 13	12	5	25	17 23	1	12
14 42 10	13	6	26	18 27	2	13
14 46 8	14	7	27	19 32	4	14
14 50 7	15	8	28	20 37	5	16
14 54 7	16	9	29	21 44	6	17
14 58 7	17	10	♑	22 51	8	18
15 2 8	18	10	1	23 59	9	19
15 6 9	19	11	2	25 9	11	20
15 10 12	20	12	3	26 19	12	22
15 14 15	21	13	4	27 31	14	23
15 18 19	22	14	5	28 43	15	24
15 22 23	23	15	6	29 57	16	25
15 26 29	24	16	6	1♒14	18	26
15 30 35	25	17	7	2 28	19	28
15 34 41	26	18	8	3 46	21	29
15 38 49	27	19	9	5 5	22	♉
15 42 57	28	20	10	6 25	24	1
15 47 6	29	21	11	7 46	25	3
15 51 15	30	21	13	9 8	27	4

Sidereal Time.	10 ♐	11 ♐	12 ♑	Ascen ♒	2 ♓	3 ♉
H. M. S.	º	º	º	º '	º	º
15 51 15	0	21	13	9 8	27	4
15 55 25	1	22	14	10 31	28	5
15 59 36	2	23	15	11 56	♈	6
16 3 48	3	24	16	13 23	1	7
16 8 0	4	25	17	14 50	3	9
16 12 13	5	26	18	16 9	4	10
16 16 26	6	27	19	17 50	6	11
16 20 40	7	28	20	19 22	7	12
16 24 55	8	29	21	20 56	9	13
16 29 10	9	♑	22	22 30	11	15
16 33 26	10	1	23	24 7	12	16
16 37 42	11	2	24	25 44	14	17
16 41 59	12	3	26	27 23	15	18
16 46 16	13	4	27	29 4	17	19
16 50 34	14	5	28	0♓45	18	20
16 54 52	15	6	29	2 27	20	22
16 59 10	16	7	♒	4 11	21	23
17 3 29	17	8	2	5 56	23	24
17 7 49	18	9	3	7 43	24	25
17 12 9	19	10	4	9 30	26	26
17 16 29	20	11	5	11 18	27	27
17 20 49	21	12	7	13 8	29	28
17 25 9	22	13	8	14 57	♉	♊
17 29 30	23	14	9	16 48	2	1
17 33 51	24	15	10	18 41	3	2
17 38 12	25	16	12	20 33	5	3
17 42 34	26	17	13	22 25	6	4
17 46 55	27	19	14	24 19	7	5
17 51 17	28	20	16	26 12	9	6
17 55 38	29	21	17	28 7	10	7
18 0 0	30	22	18	30 0	12	9

Sidereal Time.	10 ♑	11 ♑	12 ♒	Ascen ♈	2 ♉	3 ♊
H. M. S.	º	º	º	º '	º	º
18 0 0	0	22	18	0 0	12	9
18 4 22	1	23	20	1 53	13	10
18 8 43	2	24	21	3 48	14	11
18 13 5	3	25	23	5 41	16	12
18 17 26	4	26	24	7 35	17	13
18 21 48	5	27	25	9 27	18	14
18 26 9	6	28	27	11 19	20	15
18 30 30	7	29	28	13 12	21	16
18 34 51	8	♒	♓	15 3	22	17
18 39 11	9	2	1	16 52	23	18
18 43 31	10	3	3	18 42	25	19
18 47 51	11	4	4	20 30	26	20
18 52 11	12	5	5	22 17	27	21
18 56 31	13	6	7	24 4	29	22
19 0 50	14	7	9	25 49	♊	23
19 5 8	15	9	10	27 33	1	24
19 9 26	16	10	12	29 15	2	25
19 13 44	17	11	13	0♉56	3	26
19 18 1	18	12	15	2 37	4	27
19 22 18	19	13	16	4 16	6	28
19 26 34	20	14	18	5 53	7	29
19 30 50	21	16	19	7 30	8	♋
19 35 5	22	17	21	9 4	9	1
19 39 20	23	18	22	10 38	10	2
19 43 34	24	19	24	12 10	11	3
19 47 47	25	20	25	13 41	12	4
19 52 0	26	21	27	15 10	13	5
19 56 12	27	23	29	16 37	14	6
20 0 24	28	24	♈	18 4	15	7
20 4 35	29	25	2	19 29	16	8
20 8 45	30	26	3	20 52	17	9

Sidereal Time.	10 ♒	11 ♒	12 ♈	Ascen ♉	2 ♊	3 ♋
H. M. S.	º	º	º	º '	º	º
20 8 45	0	26	3	20 52	17	9
20 12 54	1	27	5	22 14	18	9
20 17 3	2	29	6	23 35	19	10
20 21 11	3	♓	8	24 55	20	11
20 25 19	4	1	9	26 14	21	12
20 29 26	5	2	11	27 32	22	13
20 33 31	6	3	12	28 46	23	14
20 37 37	7	5	14	0♊ 3	24	15
20 41 41	8	6	15	1 17	25	16
20 45 45	9	7	16	2 29	26	17
20 49 48	10	8	18	3 41	27	18
20 53 51	11	10	19	4 51	28	19
20 57 52	12	11	21	6 1	29	20
21 1 53	13	12	22	7 9	♋	20
21 5 53	14	13	24	8 16	1	21
21 9 53	15	14	25	9 23	2	22
21 13 52	16	16	26	10 30	3	23
21 17 50	17	17	28	11 33	4	24
21 21 47	18	18	29	12 37	5	25
21 25 44	19	19	♉	13 41	6	26
21 29 40	20	21	2	14 43	6	27
21 33 35	21	22	3	15 44	7	28
21 37 29	22	23	4	16 45	8	28
21 41 23	23	24	6	17 45	9	29
21 45 16	24	25	7	18 44	10	♌
21 49 9	25	27	8	19 42	11	1
21 53 1	26	28	9	20 40	12	2
21 56 52	27	29	11	21 37	12	3
22 0 43	28	♈	12	22 33	13	4
22 4 33	29	1	13	23 30	14	5
22 8 23	30	3	14	24 25	15	5

Sidereal Time.	10 ♓	11 ♈	12 ♉	Ascen ♊	2 ♋	3 ♌
H. M. S.	º	º	º	º '	º	º
22 8 23	0	3	14	24 25	15	5
22 12 12	1	4	15	25 19	16	6
22 16 0	2	5	17	26 14	17	7
22 19 48	3	6	18	27 8	17	8
22 23 35	4	7	19	28 0	18	9
22 27 22	5	8	20	28 53	19	10
22 31 8	6	10	21	29 46	20	11
22 34 54	7	11	22	0♋37	21	11
22 38 40	8	12	23	1 28	21	12
22 42 25	9	13	24	2 20	22	13
22 46 9	10	14	25	3 9	23	14
22 49 53	11	15	27	3 59	24	15
22 53 37	12	17	28	4 49	24	16
22 57 20	13	18	29	5 38	25	17
23 1 3	14	19	♊	6 27	26	17
23 4 46	15	20	1	7 17	27	18
23 8 28	16	21	2	8 3	28	19
23 12 10	17	22	3	8 52	28	20
23 15 52	18	23	4	9 40	29	21
23 19 34	19	24	5	10 28	♌	22
23 23 15	20	26	6	11 15	1	23
23 26 56	21	27	7	12 2	2	23
23 30 37	22	28	8	12 49	2	24
23 34 18	23	29	9	13 37	3	25
23 37 58	24	♉	10	14 22	4	26
23 41 39	25	1	11	15 8	5	27
23 45 19	26	2	12	15 53	5	28
23 49 0	27	3	12	16 41	6	29
23 52 40	28	4	13	17 23	7	29
23 56 20	29	5	14	18 8	8	♍
24 0 0	30	6	15	18 53	9	1

PROPORTIONAL LOGARITHMS FOR FINDING THE PLANETS' PLACES

DEGREES OR HOURS

Min	0	1	2	3	4	5	6	7	8	9	10	11	12	13	14	15	Min
0	3.1584	1.3802	1.0792	9031	7781	6812	6021	5351	4771	4260	3802	3388	3010	2663	2341	2041	**0**
1	3.1584	1.3730	1.0756	9007	7763	6798	6009	5341	4762	4252	3795	3382	3004	2657	2336	2036	**1**
2	2.8573	1.3660	1.0720	8983	7745	6784	5997	5330	4753	4244	3788	3375	2998	2652	2330	2032	**2**
3	2.6812	1.3590	1.0685	8959	7728	6769	5985	5320	4744	4236	3780	3368	2992	2646	2325	2027	**3**
4	2.5563	1.3522	1.0649	8935	7710	6755	5973	5310	4735	4228	3773	3362	2986	2640	2320	2022	**4**
5	2.4594	1.3454	1.0614	8912	7692	6741	5961	5300	4726	4220	3766	3355	2980	2635	2315	2017	**5**
6	2.3802	1.3388	1.0580	8888	7674	6726	5949	5289	4717	4212	3759	3349	2974	2629	2310	2012	**6**
7	2.3133	1.3323	1.0546	8865	7657	6712	5937	5279	4708	4204	3752	3342	2968	2624	2305	2008	**7**
8	2.2553	1.3258	1.0511	8842	7639	6698	5925	5269	4699	4196	3745	3336	2962	2618	2300	2003	**8**
9	2.2041	1.3195	1.0478	8819	7622	6684	5913	5259	4690	4188	3737	3329	2956	2613	2295	1998	**9**
10	2.1584	1.3133	1.0444	8796	7604	6670	5902	5249	4682	4180	3730	3323	2950	2607	2289	1993	**10**
11	2.1170	1.3071	1.0411	8773	7587	6656	5890	5239	4673	4172	3723	3316	2944	2602	2284	1988	**11**
12	2.0792	1.3010	1.0378	8751	7570	6642	5878	5229	4664	4164	3716	3310	2938	2596	2279	1984	**12**
13	2.0444	1.2950	1.0345	8728	7552	6628	5866	5219	4655	4156	3709	3303	2933	2591	2274	1979	**13**
14	2.0122	1.2891	1.0313	8706	7535	6614	5855	5209	4646	4148	3702	3297	2927	2585	2269	1974	**14**
15	1.9823	1.2833	1.0280	8683	7518	6600	5843	5199	4638	4141	3695	3291	2921	2580	2264	1969	**15**
16	1.9542	1.2775	1.0248	8661	7501	6587	5832	5189	4629	4133	3688	3284	2915	2574	2259	1965	**16**
17	1.9279	1.2719	1.0216	8639	7484	6573	5820	5179	4620	4125	3681	3278	2909	2569	2254	1960	**17**
18	1.9031	1.2663	1.0185	8617	7467	6559	5809	5169	4611	4117	3674	3271	2903	2564	2249	1955	**18**
19	1.8796	1.2607	1.0153	8595	7451	6546	5797	5159	4603	4109	3667	3265	2897	2558	2244	1950	**19**
20	1.8573	1.2553	1.0122	8573	7434	6532	5786	5149	4594	4102	3660	3258	2891	2553	2239	1946	**20**
21	1.8361	1.2499	1.0091	8552	7417	6519	5774	5139	4585	4094	3653	3252	2885	2547	2234	1941	**21**
22	1.8159	1.2445	1.0061	8530	7401	6505	5763	5129	4577	4086	3646	3246	2880	2542	2229	1936	**22**
23	1.7966	1.2393	1.0030	8509	7384	6492	5752	5120	4568	4079	3639	3239	2874	2536	2223	1932	**23**
24	1.7781	1.2341	1.0000	8487	7368	6478	5740	5110	4559	4071	3632	3233	2868	2531	2218	1927	**24**
25	1.7604	1.2289	0.9970	8466	7351	6465	5729	5100	4551	4063	3625	3227	2862	2526	2213	1922	**25**
26	1.7434	1.2239	0.9940	8445	7335	6451	5718	5090	4542	4055	3618	3220	2856	2520	2208	1917	**26**
27	1.7270	1.2188	0.9910	8424	7318	6438	5706	5081	4534	4048	3611	3214	2850	2515	2203	1913	**27**
28	1.7112	1.2139	0.9881	8403	7302	6425	5695	5071	4525	4040	3604	3208	2845	2509	2198	1908	**28**
29	1.6960	1.2090	0.9852	8382	7286	6412	5684	5061	4516	4032	3597	3201	2839	2504	2193	1903	**29**
30	1.6812	1.2041	0.9823	8361	7270	6398	5673	5051	4508	4025	3590	3195	2833	2499	2188	1899	**30**
31	1.6670	1.1993	0.9794	8341	7254	6385	5662	5042	4499	4017	3583	3189	2827	2493	2183	1894	**31**
32	1.6532	1.1946	0.9765	8320	7238	6372	5651	5032	4491	4010	3576	3183	2821	2488	2178	1889	**32**
33	1.6398	1.1899	0.9737	8300	7222	6359	5640	5023	4482	4002	3570	3176	2816	2483	2173	1885	**33**
34	1.6269	1.1852	0.9708	8279	7206	6346	5629	5013	4474	3994	3563	3170	2810	2477	2168	1880	**34**
35	1.6143	1.1806	0.9680	8259	7190	6333	5618	5003	4466	3987	3556	3164	2804	2472	2164	1875	**35**
36	1.6021	1.1761	0.9652	8239	7174	6320	5607	4994	4457	3979	3549	3157	2798	2467	2159	1871	**36**
37	1.5902	1.1716	0.9625	8219	7159	6307	5596	4984	4449	3972	3542	3151	2793	2461	2154	1866	**37**
38	1.5786	1.1671	0.9597	8199	7143	6294	5585	4975	4440	3964	3535	3145	2787	2456	2149	1862	**38**
39	1.5673	1.1627	0.9570	8179	7128	6282	5574	4965	4432	3957	3529	3139	2781	2451	2144	1857	**39**
40	1.5563	1.1584	0.9542	8159	7112	6269	5563	4956	4424	3949	3522	3133	2775	2445	2139	1852	**40**
41	1.5456	1.1540	0.9515	8140	7097	6256	5552	4947	4415	3942	3515	3126	2770	2440	2134	1848	**41**
42	1.5351	1.1498	0.9488	8120	7081	6243	5541	4937	4407	3934	3508	3120	2764	2435	2129	1843	**42**
43	1.5249	1.1455	0.9462	8101	7066	6231	5531	4928	4399	3927	3501	3114	2758	2430	2124	1838	**43**
44	1.5149	1.1413	0.9435	8081	7050	6218	5520	4918	4390	3919	3495	3108	2753	2424	2119	1834	**44**
45	1.5051	1.1372	0.9409	8062	7035	6205	5509	4909	4382	3912	3488	3102	2747	2419	2114	1829	**45**
46	1.4956	1.1331	0.9383	8043	7020	6193	5498	4900	4374	3905	3481	3096	2741	2414	2109	1825	**46**
47	1.4863	1.1290	0.9356	8023	7005	6180	5488	4890	4365	3897	3475	3089	2736	2409	2104	1820	**47**
48	1.4771	1.1249	0.9330	8004	6990	6168	5477	4881	4357	3890	3468	3083	2730	2403	2099	1816	**48**
49	1.4682	1.1209	0.9305	7985	6975	6155	5466	4872	4349	3882	3461	3077	2724	2398	2095	1811	**49**
50	1.4594	1.1170	0.9279	7966	6960	6143	5456	4863	4341	3875	3454	3071	2719	2393	2090	1806	**50**
51	1.4508	1.1130	0.9254	7947	6945	6131	5445	4853	4333	3868	3448	3065	2713	2388	2085	1802	**51**
52	1.4424	1.1091	0.9228	7929	6930	6118	5435	4844	4324	3860	3441	3059	2707	2382	2080	1797	**52**
53	1.4341	1.1053	0.9203	7910	6915	6106	5424	4835	4316	3853	3434	3053	2702	2377	2075	1793	**53**
54	1.4260	1.1015	0.9178	7891	6900	6094	5414	4826	4308	3846	3428	3047	2696	2372	2070	1788	**54**
55	1.4180	1.0977	0.9153	7873	6885	6081	5403	4817	4300	3838	3421	3041	2691	2367	2065	1784	**55**
56	1.4102	1.0939	0.9128	7854	6871	6069	5393	4808	4292	3831	3415	3034	2685	2362	2061	1779	**56**
57	1.4025	1.0902	0.9104	7836	6856	6057	5382	4798	4284	3824	3408	3028	2679	2356	2056	1774	**57**
58	1.3949	1.0865	0.9079	7818	6841	6045	5372	4789	4276	3817	3401	3022	2674	2351	2051	1770	**58**
59	1.3875	1.0828	0.9055	7800	6827	6033	5361	4780	4268	3809	3395	3016	2668	2346	2046	1765	**59**
	0	1	2	3	4	5	6	7	8	9	10	11	12	13	14	15	

RULE: – Add proportional log. of planet's daily motion to log. of time from noon, and the sum will be the log. of the motion required. Add this to planet's place at noon, if time be p.m., but subtract if a.m., and the sum will be planet's true place. If Retrograde, subtract for p.m., but add for a.m.

What is the Long. of ☽ March 15, 2011 at 2.15 p.m.?

☽'s daily motion – 14° 12′

Prop. Log. of 14° 12′ .... .2279

Prop. Log. of 2h. 15m. 1.0280

☽'s motion in 2h. 15m. = 1° 20′ or Log. 1.2559

☽'s Long. = 25° ♋ 35′ = 26° ♋ 55′

The Daily Motions of the Sun, Moon, Mercury, Venus and Mars will be found on pages 26 to 28.